中庸心读

柳恩铭　著

暨南大學出版社
JINAN UNIVERSITY PRESS

中国·广州

图书在版编目（CIP）数据

中庸心读/柳恩铭著. —广州：暨南大学出版社，2024.9
（四书五经心读. 四书心读）
ISBN 978 - 7 - 5668 - 3928 - 2

Ⅰ.①中…　Ⅱ.①柳…　Ⅲ.①《中庸》—研究　Ⅳ.①B222.15

中国国家版本馆 CIP 数据核字（2024）第 103481 号

中庸心读
ZHONGYONG XINDU
著　者：柳恩铭

....

出 版 人：阳　翼
统　　筹：张丽军
策划编辑：杜小陆
责任编辑：黄　颖　梁念慈
责任校对：刘舜怡　王雪琳
责任印制：周一丹　郑玉婷

出版发行：暨南大学出版社（511434）
电　　话：总编室（8620）31105261
　　　　　营销部（8620）37331682　37331689
传　　真：（8620）31105289（办公室）　　37331684（营销部）
网　　址：http：//www.jnupress.com
排　　版：广州良弓广告有限公司
印　　刷：深圳市新联美术印刷有限公司
开　　本：787mm×960mm　1/16
印　　张：12.5
字　　数：200 千
版　　次：2024 年 9 月第 1 版
印　　次：2024 年 9 月第 1 次
定　　价：88.00 元

（暨大版图书如有印装质量问题，请与出版社总编室联系调换）

为往圣继绝学

1984 年 8 月，十七岁的我怀抱教育兴国的理想站上讲台，已四十个春秋。工作范畴涵盖学前教育、基础教育、高等教育、成人教育。学习和研究一直是生活方式、工作方法、生命状态，在实践中不断提出问题。基于实践提出的问题，书本上基本找不到满意的答案，我坚持独立思考，独立分析，独立研究，独立解决。四十年来，我从来没有做过任何带有行政级别的规划课题，公开发表在核心期刊的各种论文，也都是基于实践问题的研究成果。这是三十年来我的著作都成为畅销书的秘诀。

四十年来我一直在思考教育的本质问题。教育的本质是精神活动，而不是知识堆积。——德国教育哲学家雅斯贝尔斯如是说，我深以为然。精神活动是"本"，知识堆积是"末"。精神活动是"道"，知识堆积是"器"。

中国先哲子思先生在《中庸》开篇对教育本质有深刻洞见："天

命之谓性，率性之谓道，修道之谓教。"翻译成现代汉语："上天赋予人的叫本性，尊重本性叫作道，修养本性是教育。"言简意赅，豁然开朗。以子思先生的哲学思想给今天的教育做减法，教育只需要做好弘扬人性和张扬个性两件事。一是弘扬人性。人性是天赋人类的共性，是上天赋予人类群体的本心本性，比如慈悲、博爱等，人生而有之；不见了，没有了，是因为磨灭了，冲毁了，需要养护和弘扬。二是张扬个性。个性是天赋秉性。每个生命来到这个世界，一定有上天赋予的优势潜能，一定有独特的兴趣爱好，一定有自己的精彩，把钱学森培养成钱学森，把贝多芬培养成贝多芬，把梁思成培养成梁思成——这就是张扬个性、张扬天赋秉性的教育。教育除了弘扬人性和张扬个性，还有别的吗？没有了。教育就是这么简单。

教育的出路在哪里？我们一起回到鲁迅先生出生的 1881 年至民国元年（1912）这大约三十年的光阴，那时除了京师大学堂——北京大学前身，中国没有真正意义上的大学；除了杭州、苏州、成都、香港、澳门及西部偏远山区有少许教会学校，中国没有现代意义的中小学；其间三十多年有部分青少年，读着私塾，读着唐诗宋词，读着四书五经，头脑中装上这些经典而后有幸东渡日本或远赴欧美求学，在这些学子灵魂深处实现了东西方文化的碰撞和融合，形成了无与伦比的爆发力，催生了享誉世界的民国知识分子群体。在这个群体中，有中国近代以来伟大的革命家、思想家孙中山等，有杰出的新文化运动的领袖陈独秀、李大钊、胡适等，有杰出的思想家、文学家鲁迅等，有杰出的教育家蔡元培、张伯苓、梅贻琦、陶行知等，有杰出的国学大家陈寅恪、梁启超、王国维、赵元任等，有杰出的考古学家李济、董作宾、郭沫若等，有杰出的史学大家钱穆、张荫麟、蒋廷黻等，有杰出的美学家朱光潜、宗白华等，有杰出的哲学家马一浮、汤用彤、梁漱溟、张东荪、贺林、方东美……这种东西方文化在同时代、同一个生命体形成碰撞和融合，产生浩如烟海的哲学、史学、文学、科学、巨匠、巨人，很多学科的研究成果，至今仍然是当代学界绕不过去的坐标和难以逾越的丰碑。

由此可知，当代中国教育的出路就在东西方文化的融合，就在学贯中西。我们就有必要回望民国大师、巨匠们的教育背景和教育路径。作践和菲薄自己的优秀文化，轻视和排斥西方现代文明，哪一种做法更加愚蠢？我不知道。但是我知道，中华民族的伟大复兴需要优秀传统文化与现代西方文明的深度融合！

四十年来我一直在思考精神家园重建问题。所谓文化，就是以文化人，就是今天的大教育理念。二十多年前的2003年元旦，我开始系统研究儒家文化，目的在于寻找滋养生命的文化精神。其间，博士论文《思想政治教育的文化传承与创新研究》是儒学文化与马克思主义相结合的成果。我采纳了导师郑永廷先生的洞见：儒学文化是思想政治教育的范畴。这篇论文，后来在岭南社科基金项目评选中获得最高票，由广东人民出版社出版并成为畅销书。该著提出和解决了关于儒家文化的疑问：第一，儒家文化依然承载着中华民族的人文精神吗？是的。儒家文化是人本伦理哲学，其核心忠、孝、仁、义、礼、智、信、和等核心价值，当代中国人应该也必须坚守。以"孝悌"为例，如果在家不能敬爱赡养父母，不能善待兄弟姐妹，在外可以善待天下人的父母吗？可以善待天下人吗？可以带出有凝聚力的团队吗？显然不能。第二，儒家文化与现代文明能兼容吗？能。民国那些学贯中西的学者就是儒家文化与现代文明深度碰撞和融合的产品，在中华民族最艰难的时候，他们回到祖国的怀抱，与祖国同生共死、浴火重生！第三，儒家文化有利于国家走向现代化吗？有利。曾经的亚洲四小龙：中国台湾、香港及韩国、新加坡的文化底色都是儒家文化，没有制约他们走向现代化，倒是成了他们高速发展的催化剂和动力源。

我的博士论文虽然成了畅销书，但是纯学术的话语体系不可能在社会上产生广泛影响，需要换成文化话语风格，重新阐述我对儒家文化的研究和思考。重注四书——《大学》《中庸》《论语》《孟子》成了我人生的必然选择。我研究儒学，绕不开朱熹先生的《四书章句集注》。

原始儒家的本真与朱熹理学的本质区别何在？

第一，原儒是人本哲学，宋儒是理本哲学。原儒悲天悯人，以人为本，在"五张羊皮换一个奴隶，五个奴隶换一匹马"的价值体系中，孔子面对马厩失火，只关心不值钱的奴隶——马夫，而不关心很值钱的马。获悉有人以陶俑陪葬，孔子斥责道："始作俑者，其无后乎？"对人权的尊重和对生命的敬畏何其真诚而浓烈！宋儒开山鼻祖程颐先生说："饿死事小，失节事大。"生存都是问题，哪里还有人权？朱熹先生强调："存天理，灭人欲。"人欲不仅仅是淫欲，也不仅仅是物欲，还有生存欲望、安全欲望、归宿与爱的欲望、被尊重的欲望、自我价值实现的欲望，甚至还有终身认知欲望和审美欲望。人欲灭了，人类还有发展动力吗？人类还能进步吗？民族还能复兴吗？

第二，原儒的忠诚有条件，宋儒的愚忠无条件。"君君臣臣，父父子子"的解释本应为："君像君，臣像臣，父像父，子像子。"宋儒沿袭了汉儒的衣钵，演绎"君叫臣死臣不得不死，父叫子亡子不得不亡"的荒唐。孔子说："君使臣以礼，臣事君以忠。"臣下"恪尽职守"的前提是"君使臣以礼"。孟子的说法更是石破天惊："君之视臣如手足，则臣视君如腹心；君之视臣如犬马，则臣视君如国人；君之视臣如土芥，则臣视君如寇雠。"岳飞屈死风波亭，屈在读错书了，如果读懂了先秦儒家经典，尤其是读懂了孟子"如欲平治天下，当今之世，舍我其谁"，可以理直气壮直捣黄龙，或可做出更有利于人民、民族、国家的选择！

第三，原儒坚持民本政治，宋儒延续神本政治。孔子说："民可，使由之；不可，使知之！"翻译成现代汉语："老百姓过得很好，就顺其自然；如果过得不好或者做得不好，就应该以教化让他们增长智慧！"孟子说："民为贵，社稷次之，君为轻。"可谓惊世骇俗。荀子强调："水则载舟，水则覆舟。"已算是民本精神自觉。先秦儒家认为，人民是国家的主人，君王是人民委托的代理人。先秦儒家的民本思想发展到今天应该是民主，至少是"全心全意为人民服务"的宗旨和"为人民谋福祉"的初心。

第四，原儒主张师生平等，宋儒延续师道尊严。原始儒家没有这个礼数。几乎所有的人都读过《公西华侍坐》这一章，孔子与学生亦师亦友亦兄弟亦知己，孔子之于学生像慈父，像朋友，像兄长，像知己。师生平等，教学民主，思想自由，全然没有汉代"设帷讲学"的冷冰冰。

第五，原儒主张自由恋爱，宋儒主张父母之命。证据在《诗经》。

《诗经》主体是国风，国风主题以爱情为主。《诗经》中的爱情充满田园牧歌色彩：相爱在城墙边——"俟我于城隅"；相爱在桑间濮上——"参差荇菜，左右采之"；相爱在小巷——"俟我乎巷兮"；相思在远方——"所谓伊人，在水一方"。初民淳朴、热烈、奔放、唯美的爱情依然为当代读者所陶醉！朱熹先生将如此唯美的爱情都解读为"咏后妃之德"之类，按朱熹先生的解读，《诗经》回不到当代，青少年必不会接受。

第六，原儒主张学术自由，宋儒主张唯我独尊。"道不同，不相为谋"一直被误读误解。孔子原意："主张不同，不谋求对方与自己同一。"根据何在？其一，《论语》多次列举道家、墨家、农家、杂家批判孔子，却不见孔子和其追随者反驳。这是学术包容。其二，《论语》可以互证："攻乎异端，斯害也已。"翻译成现代汉语："攻击其余学派，害处很大。"其三，孔子主张"君子和而不同"，"和"是儒家最重要的核心价值之一，"和"就是对不同文化的包容，对不同人的尊重等。其四，孔子曾经问道于道家学派创始人李耳，也曾经向各个领域的大师虚心求教。汉儒让圣上来裁断儒学公案，唯皇上独尊，开了以政治手段解决学术争端的恶例；宋儒延续维护皇权、男权、夫权，明清之后封建统治者则把理学作为统治工具，以维护其日益枯萎而无生机的封建统治。

第七，原儒主张经世致用，宋儒主张空谈心性。"钱财如粪土，仁义值千金"是以朱熹先生为代表的儒学思想，"无事袖手谈心性，临危一死报君王"就是宋儒一脉的做派。真正的读书人，从来都是以天下为己任。曾子对儒家知识分子的期待是："可以托六尺之孤，可以寄百里之命，临大节而不可夺也。君子人与？君子人也。"翻译成现代汉语："可以托付幼小的君主，可以托付整个国家，在大节上宁死不屈。这样的人是君子吗？当然是君子。"比如韩愈为苍生而获罪，被贬潮州，积极教化，形成潮州文化，影响至今犹在。书生范仲淹镇守西边，换来边境二十年和平。王阳明手无缚鸡之力，胸中却有百万兵甲，以数万地方杂牌部队，剿灭宁王朱宸濠十万叛军！这才是儒者风度！

第八，原儒为人民说话，宋儒为皇上代言。原始儒家，没有一家是为统治者说话的，孔孟荀都是站在维护人民利益的立场阐述自己的政治主张；但是汉儒却站在皇权和神权的立场上，驯化万民，宋儒延续而成为既得利益集团的代言人。孔子开平民教育先河，把教育从宫廷转移到民间，目的就在于给平民搭建成长舞台和上升通道，这是当时对既得利益者特权的最有力的挑战。当代中国人少有人意识到孔子是"读书改变命运"的首创者和实践者。孔子儒学是"为己之学"，是天子以至于庶人都能用以修身养性的伦理哲学。孔子终其一生，没有后世误读误解的那样"忠诚"于某一个君王，相反政见不合则选择挂冠而去，在父母之邦的鲁国无论是做乘田吏，还是做司寇，甚至代摄相事，都只不过是"恪尽职守"而已；绝没有为某一君王愚忠而牺牲的冲动。

宋儒与原儒主张相对、相反之处也远远不止这些。先秦儒家思想属于伦理哲学，具有坚实的社会实践积淀和厚实的理论基础，是一种独立于当时政治体制的哲学体系、价值体系、思想体系，是儒家思想的源头和正宗，与现代文明高度契合，是中华民族最宝贵的精神矿藏！原儒思想是中华文明的主动脉！传承和发展其精神是中国人的天赋使命！

我自不量力，历时二十余年，撰写完了"四书心读"。《论语心读》于 2014 年由中华书局推出首版，发行数十万册，是读者的认可与鼓励。近几年心无旁骛，撰写《大学心读》《中庸心读》《孟子心读》，是对教育人生的交代，是对中国教育的交代！

撰写《大学心读》的初心有莫名际遇的诱因。2013 年 8 月 16 日傍晚，我应邀驱车赴江西讲学，路途遥远而十分疲惫，不得已在江西赣州不知名的山中旅舍住了一晚，却做了一梦：一位青衣老者自称"守仁"，给我讲《大学》，但是老者的《大学》文本居然与我正在研究的朱本《大学》有很大的不同；朱本《大学》早已烂熟于胸，所以对梦境中见的《大学》版本十分敏感。老者重点讲了"明明德""亲民"和"格物致知"等关键内容，他的口音有江浙话的韵味，有客家话的影子，有贵州话的口音，与湖北话相通，所以我都听懂了。老者托付，希望能够按照他传授的《大学》版本把《大学》精神传承传播出去。梦醒时分，一身冷汗。明月皎洁，清风拂面，分不清是梦中还是实景，分不清身在何处。那时那刻，毫无睡意，点一支烟把老者的教诲从头到尾想了几遍，也从头到尾讲了几遍——学会了讲给自己听，我居然在赣州不知名的山间旅舍把少年时候掌握的学习方法再用一次，时至今日老者讲给我听的《大学》梗概依然清晰。后来读清代刘沅先生的《大学古本质言》和南怀瑾先生的《原本大学微言》，才知道梦中老者讲述的是戴圣《礼记》第 42 章的古本《大学》。

对于这一梦，到底是日有所思夜有所梦，还是别的因缘和合，我也不知道；也许用量子力学可以做出科学解释。老者矍铄的目光、清朗的语调、谆谆的教诲、殷殷的重托，历历在目，言犹在耳。十年一觉赣州梦，我哪能忘记呢？2023 年 7 月 17 日，再次驱车经过赣州，本想再寻故地，更想再入梦中，却迷失了方位，就此作罢，直接驱车去了南昌；但是，老者的托付更加清晰而压得我似乎喘不过气来。于是只好孜孜不倦，反复打磨以原本《大学》为底本的《大学心读》！

毋庸讳言，原本《大学》与朱熹先生的《大学集注》有较多不同之处：一是不同于朱熹先生对《大学》的经传二分法。原本《大学》是有机整体，从旨趣、逻辑、风格来看，是典型的齐鲁文化，是典型的先秦文风；而以"经传"二分法解读经典，是汉代以后经学的做派。二是不同于朱熹先生认为"颇多错简"调整原本《大学》顺序的做法。如果"颇多错简"起码要有一两个"错简"作为证据，但程颐先生没有提供，朱熹先生也没有提供。二十年当中，我读程颐和朱熹先生的全部著作，没有发现调整原本《大学》顺序的证据。三是不同于朱熹先生对原本《大学》的结构处理。朱熹先生的文本处理类似于当代有些所谓专家给文学作品做思维导读图，表达的是自己的理解而不是《大学》的本义。四是不同于朱本《大学》对原始儒家文化精神的理解，恢复了先秦儒家人本伦理哲学、民本政治哲学、生本教育哲学的本质。五是不同于对"格物致知"的解读。程朱理学的解读是：研究万物之理而寻求真理。这种解读，导致民国时期把自然科学都称为"格致之学"。显然，在先秦时期，儒家思想的"格物致知"属于伦理哲学，不可能有研究万物之理的需求，也不可能由此获得伦理学上的"真理"。孔孟儒学的人本取向，决定了这句话只能是司马光和王阳明的解读：格除物欲，回归良知或恢复良知。这里"物"属于外物，属于过多的物质因素；这里的"良知"是生命情感智慧，包括情感、态度、价值观、人生观、世界观等。——其余诸多与朱熹先生解读的不同之处，恳请方家指正！

　　撰写《中庸心读》是因为与朱熹先生及其一脉相承的后学对"中庸"哲学思想有不同的理解。程颐先生和朱熹先生都认为："中庸者，不偏不倚、无过不及，而平常之理，乃天命所当然，精微之极致也。"从这段话可以判断，朱熹对"中庸"的理解出现两个问题：一是认为中庸就是不偏不倚、无过不及、平常之理。其实，"中庸"之"中"包含"中和"两个字的含义。"中"就是适中、适合、适度、适宜，面对某种结构或局面，选择适中的、适合的、适度的、适宜的思路、策略、方法等，就是"中"；"和"就是尊重差异、尊重不同、包容多元的和谐状态；"中和"就是人面对某种结构而选择兼顾多元的最佳策略或状态。"中和"成为日用而不知的常态，就是中庸之道。二是朱熹先生认为"中庸"是"天命所当然"，把"中庸"归为天赋、人的本性。中庸不是人的天赋，不是人的本心本性，而是后天哲学智慧，是人经过后天的实践积累而发现的"天道"——比如太阳系九大行星的分布，地球万物和谐共生，都是"中庸之道"，但需要人去认知、体悟、坚持。诚如孔子所说，中庸之道是"君子之道"，是人们自我修养达到君子境界的过程中体悟、认知、认同的"道"，基于先天本心本性，源于实践积累，最终形成充满实践理性的哲学智慧。时至今日，能够跳出朱熹解读而另辟蹊径理解中庸之道的人很少很少！——古今中外解读《中庸》还存在一个共同问题，泛化了《中庸》文本中的"道"——其实《中庸》中的"道"都作"中庸之道"解。也正因泛化，导致理解困难，又如何能够将中庸之道融入身心呢？

撰写《孟子心读》是为了深度认知和弘扬孟子的民本政治哲学。孔孟儒家精神滋养中华民族数千年，创造了曾经领先世界两千年的文明，自然有其存在的合理性。《孟子》一书由孟子亲自著录，随行万章等弟子只是学术助手，也许负责执笔，也许负责刻字，也许负责查阅资料等；这使得《孟子》保持了他本人的思想和艺术精华。《孟子心读》的主要创新点：一是传扬民本思想。孟子思想最为前瞻、最为深邃、最为震撼的是民本思想，"民为贵，社稷次之，君为轻"的思想与民主制度之间，仅缺一部宪法，孟子对人民主体精神的自觉，是"全心全意为人民服务"宗旨的源泉，是"以人民为中心"理念的依据；孟子民本思想仿佛是为中华民族负重前行设置的第一盏航标灯。二是弘扬心学思想。孟子提出的"四心说"就是后世真正新儒学——阳明心学的根源，孟子提出的心性论为阳明心学的创建奠定了基石。恻隐之心，仁之端也；——无恻隐之心非人也！羞恶之心，义之端也；——无羞恶之心非人也！辞让之心，礼之端也；——无辞让之心非人也！是非之心，智之端也；——无是非之心非人也！其实，孟子思想中心学已经初成。孟子是如何解释"知行合一"的呢？典型的就是"今人乍见孺子将入于井，皆有怵惕恻隐之心"的案例：小孩将掉到井里，任何一个人看到了，无须提醒，不假思索，都会立即施以援手，这是什么？这是人心中慈悲天性在关键时候表现出的无须提醒的自觉，起心动念即是行，是良知与良能的知行合一。那么敢问为什么很多人这种慈悲之心没了？那是因为心被异化，被放纵，被蒙蔽。所以，孟子认为："学问之道无他，求其放心而已矣。"道德修养之道就是把被放弃、被放纵、被放浪的那颗心，收回到心中的正位，守护本心本性，弘扬本心本性，就是学问的正确方法。三是张扬美学风度。少年时代，我深受父亲的影响，背诵孟子的篇章比较多，系统研究《孟子》已二十余年，文笔文风深受孟子影响，挣脱了现代学术八股的束缚。宏大的视域、磅礴的气势、严密的逻辑、生动的叙事、明快的语言等，都源于孟子的美学浸润。

四十年来我一直在思考原始儒学的社会价值。严复先生是中国近代思想启蒙先驱，康有为、梁启超、李大钊、陈独秀、毛泽东、鲁迅、傅斯年等改良派、革命派和新文化运动的领袖们，其少年时期都有严复先生的译著伴随。而严复先生临终前反复念叨：四书五经极富矿藏，需要用西方科学研究方法，予以发掘，可以启迪后人。这句话深深撞击我的灵魂，如何深度发掘呢？"心读"就是我的选择，以心读模式，让四书智慧广泛流布。

《大学》《中庸》《论语》《孟子》的作者生活的时代，恰好在雅斯贝尔斯称为人类文明的轴心时代。这个时代，人类文明的精神导师扎堆出现。每当人类各个文化圈中的人们面对不能自拔的困境时，都会不由自主地回望和借用这个时期先哲的智慧解决当下的问题。欧洲的文艺复兴如此，唐代的古文运动如此，如今传承创新优秀传统文化又何尝不是如此？

当代中国需要《大学》中的智慧吗？毋庸置疑。大学之道就是达成君子之道的纲领：明明德，亲民，止于至善。——大道至简，在曾子看来，平治天下只需要做两件事情：一件是"明明德"。明明德，就是让天赋良知自觉并得以弘扬。如果人人心中有慈悲，如果人人都能恪尽职守，人人都能孝悌忠信，这个世界不是很美好吗？高明的政治家用力最多的事情就是把教育做到最好，让天赋人性、天赋良知弘扬到每个生命，每个公民对于公平正义都有无须提醒的自觉，繁荣富强就是必然。

另一件是"亲民"。就是走进人民，在社会结构中实现人格独立，成为自由思想的主人，成为自由意志的主体。亲民，在与人交往中实现人生的价值。从人本伦理哲学的视角审视"亲民"，那就是任何自然人必须首先亲近家人，学会与家人相处；其次亲近族人，学会与族人相处；再次亲近乡人，学会与乡人相处；复次亲近世人，学会与各种各样的人相处。从政治伦理的视角审视"亲民"，那就需要上位者走向基层，走向百姓，走群众路线。高手在民间，不是客套话，更不是玩笑话。为什么？商汤起用草根伊尹，奠定了商初良好的开局。姬昌起用渭水边钓鱼的姜尚，以边陲之地，挑战商纣王的天下，最终获得成功。齐桓公起用犯人管仲，开创国营经济与民营经济双轨制先河，让齐桓公九合诸侯成为霸主。刘邦谋臣能用张良，后勤能用萧何，军事能用韩信，最终在垓下战胜项羽，奠定大汉基业。这都是"亲民"的典型。

有人或许会说，能不能列举现当代的例子？民国时期蔡元培，贵为中国第一校的校长，却礼贤下士，先后拜访清朝遗老辜鸿铭、文坛旗帜陈独秀，邀请周树人加盟北京大学，这些人相对于政治地位比教育部部长还高的北京大学校长，当然都是民，但是亲民让北京大学成为民国大学的旗帜。梅贻琦贵为清华大学校长，邀请没有学历的陈寅恪加盟清华，邀请清末遗臣王国维加盟清华，邀请留美才俊赵元任加盟清华，邀请思想启蒙者梁启超加盟清华，这四位导师相对于位高权重的梅贻琦，自然都是民。因为亲民，因为教授治校的理念——梅贻琦做校长期间实行的是教授委员会集体决策的民主管理模式，梅贻琦因此开创了清华历史上最辉煌的年代。

如果制度设计和社会运作，能够做好"明明德"和"亲民"两件事情，"止于至善"是必然，平治天下也是必然。特别"亲民"不是自以为是的"新民"，不是教训百姓，不是教导百姓，而是走近百姓，走近人民，尊重人民，尊重生命，尊重人格，让每个生命人格独立，让每个生命本性自觉，让每个生命自由思想，让每个生命独立思想，让每个生命绽放精彩。

当代中国需要《中庸》的智慧吗？毋庸置疑。个人成长需要中庸之道。民国元年前后负笈留学的学者，涵养中华经典文化拥抱西方文明，催生了中华民国数十年中灿若星河的大师、巨匠、巨人、名流，重现了中华民族思想解放最精彩的华章！——这是教育发展的中庸之道，也是个人成长的中庸之道。家庭和睦需要中庸之道。一家之中父慈子孝，契合中庸之道；夫妻之爱止于诚，契合中庸之道；兄弟情义止于悌，契合中庸之道。社会和谐需要中庸之道。城乡之间的发展恪守中庸之道，优化二元结构，城里人幸福，乡里人快乐；如此当然和谐！为富而仁义，善待故旧，善待贫民；贫而有尊严，不坠青云之志；如此当然和谐！上位者心忧天下，眷恋苍生；下位者体谅国家，顾全大局；如此当然和谐！企业成长需要中庸之道。企业如果不在产品质量与数量之间选择中庸之道，就缺乏生命力！如果不在价格和价值之间选择中庸之道，就缺少竞争力！如果不在员工福利和投资者利益之间选择中庸之道，就缺少活力！如果不在守成和创新中选择中庸之道，就缺少可持续发展力！民族复兴需要中庸之道。民族复兴于内而言，政治方向充分体现人民的期盼，经济政策充分兼顾各阶层的利益，公共服务充分彰显公平正义等；人民富裕，地方富有，国家富强；人格独立，思想自由，文化多元，教育发达，人才充足。如此才契合中庸之道，这是民族复兴的内因。在对外关系上，尊重人类共同的价值，国际交流自主，人民往来自由，文化交流自然等。如此契合中庸之道，这是民族复兴的外因。没有国内国际的"中和"，就没有国家民族的复兴。

当代中国需要《论语》的智慧吗？毋庸置疑。某学者在某大学演讲公开宣称：《论语》对于中国文化大餐来说，只不过是一条干鱼，没有佳肴的时候，拿出来做配菜尚可以，但不能成为国人精神食粮的主食。我深不以为然。一位名满天下的学者说："儒家文化是农耕文明的产物，是到了抛弃的时候了。"我不以为然。难道2500年前中华民族先民需要忠、孝、仁、义、礼、智、信、和、惠、慈、爱，今天中国人就不需要了吗？当然需要，而且必须坚守坚持。

《论语》所承载的人文精神是中国伦理哲学的源头，是中华文明的底色，是中国价值体系的钢结构，是中国文化的基点和奇点——具有无与伦比的爆发力、辐射力、穿透力。它所承载的伦理情怀和价值体系，被践踏和放弃，意味着疯狂和灭亡！大秦帝国奋六世余烈，统一天下，秦嬴政自称"始皇帝"，以为从此家天下可以传之万世，却仅仅因为放弃了儒家"仁"的智慧，放弃了以人为本，放弃了以民为本，结果成了人类历史上最短命的王朝之一。这样的教训，在人类历史上举不胜举！

我以实证的态度和学养的厚度证明《论语》承载以人为本的哲学、以民为本的理念、自强不息的精神、积极入世的传统、厚德载物的担当、天下为公的理想、尚中贵和的思维、博爱泛众的胸怀、勤劳俭朴的性格、家庭中心的伦理、家国一体的追求、天人合一的境界，是养护国人心灵的宝贵精神资源！——这些精神难道不能滋养当代中国人的生命吗？《论语》承载的以生为本的思想、有教无类的情怀、因材施教的方法、全面发展的课程、尊重个性的取向、慎独正己的修身、反求诸己的态度、积善成德的路径、君子人格的激励等，是中国当代教育应该和必须传承的最宝贵的教育智慧！——这些智慧难道不能解决今天的教育困境吗？

当代中国需要《孟子》的智慧吗？毋庸置疑。《孟子心读》的撰写，源于责任自觉。尤其是近几年我从教育系统调整到基层任职，确信《孟子》思想之于中国当代教育和社会治理，实为救时补弊的良药却没被发现发掘。举《孟子·梁惠王下》的典型例子证明。孟子对齐宣王说："造大房子，就必让工程师寻找大木料。工程师得到大木料，大王很高兴，认为这棵大木料可胜任大房子的需要。那工程师从小就学习，长大了就进一步付诸实践，大王说：'姑且放弃你所学的专业听我的命令。'那怎么样呢？现在有璞玉在此，不惜万镒重金必然责成玉匠雕琢它，而对于治理国家却说：'姑且放弃你所说的，听我的命令。'这与教导玉匠如何雕琢璞玉有什么区别呢？"——读这一节，犹如冷水浇背，也如当头棒喝！

　　民国期间清华大学校长梅贻琦先生懂孟子的管理智慧。《孟子·梁惠王下》中，孟子对齐宣王说："所谓故国者，非谓有乔木之谓也，有世臣之谓也。"梅贻琦读懂了这句话，对于国家来说，文化底蕴厚重并不意味着有数百年的老树古树，而是意味着有累世深受国人敬重的忠臣重臣。梅贻琦先生由此演绎出："所谓大学者，非谓有大楼之谓也，有大师之谓也。"梅贻琦深谙此道，充分尊重人才，自己甘愿当一个沉默寡言的主持人，把治校的权力让渡给"教授委员会"，积极推行教授治校模式，创造了清华的灿烂与辉煌，创造了西南联大的高等教育奇迹。现在各行各业的很多管理者都反孟子之道而行之，反梅贻琦之道而行之。地方政府搞经济，不向企业家请教，而向上级要指示，或者自以为是，好为人师，层层如此，经济能够做得好才怪。如果当代为政者、为教者、为经济者，能够读一读《孟子》，从中汲取智慧，可以少闹很多笑话，可以少走很多弯路。

　　二十多年前，在我用与埃德加·戴尔学习金字塔理论相契合的心学原理，把应试教育做到巅峰的时候，开始认真寻找教育的本真。众里寻他千百度，蓦然回首，我选择以儒家文化精神滋养师生生命。最初接触儒学，读的是方东美、李泽厚、钱穆等先生的著作，充斥书店的汉代经学著作和宋明理学著作不是我的首选——后来反复研读朱熹先生的《四书章句集注》，目的在于对"四书"进行重新解读。原儒思想的本质是什么？是人本伦理哲学、民本政治哲学、生本教育哲学。数十年，我坚持用人本思想待人，用民本思想管理，用生本思想做教育，用"中庸"智慧处事，用"明明德"和"亲民"智慧经营人生，知行合一，只争朝夕！

顾炎武先生说："天下兴亡，匹夫有责。"天下是天下人的天下，天下还是文化天下；文化亡了，天下也就亡了。所以，为往圣继绝学就成了每个读书人的责任。"往圣绝学"是什么？滋养中国人生命的主脉是儒家文化，是充满人本、民本、生本情怀的原始儒家文化精神。撰写"四书心读"是我文化责任自觉所致！

子思先生说："君子不出家，而成教于国！"我四十年如一日追求教育兴国的理想。曾经在公办学校从教师做到校长，曾经在民办学校从教师做到校长，曾经在广州市第一个教育强区东山区做过教育局办公室主任，曾经在广州市教育局做过处长和办公室主任，曾经在天河区做过教育局局长，如今虽然名义上暂离教育岗位而从社会治理，但是一直坚持在高校担任特聘教授、兼职教授、研究生导师，坚持积极从事各级各类师资教育，从来没有放弃教育理想，从来没有放松对教育的深度思考。大道至简，教育的关键是弘扬人性和张扬个性。我知道教育有弊端，当然有责任解决。如何解决？重新发掘和弘扬原始儒家智慧以解困局。撰写"四书心读"是我教育责任自觉所致！

孔子说："吾十有五而志于学，三十而立，四十而不惑，五十而知天命，六十而耳顺，七十而从心所欲，不逾矩。"人类历史上最伟大的教育家孔子，活出了生命的精彩。随着年龄的增长，知识储备越来越丰富，学养越来越深厚，思想越来越前瞻，智慧越来越超卓，这种终身学习的人生态度，给我树立了榜样。四十年手不释卷，四十年治学不辍，四十年知行合一，把人生挫折转化为学术财富，把人生历练转化为学术思想。我来自农村，熟悉农民和农村；近几年在地方工作，又熟悉市民和城市。这种对中国社会结构的全域认知，恰恰是高校专职学者做伦理哲学、政治哲学、教育哲学研究所匮乏的，却是我的独有优势。此外，我没有高校学者的教学任务和课题研究任务的羁绊，认准目标可以把整座山打穿，甚至可以把整座山搬完。撰写"四书心读"是我生命自觉所致！

基于文化自觉、教育自觉、生命自觉，我才能用二十多年时间撰写"四书心读"。毋庸讳言，"四书心读"旨在全面恢复原始儒学的本真，在于倡导生本教育哲学，在于倡导人本伦理哲学，在于倡导民本政治哲学，在于重建中华民族的精神家园，以先秦儒家文化精神滋养国人的生命！

做到没有，请读者品鉴！做好没有，请方家指正！

柳恩铭撰于广州弘仁书屋

2024 年 2 月 14 日

中庸是人类宝贵的哲学智慧

什么是"中庸"？正如老子所言："道可道，非常道。"道，如果能够说出来，就不是恒常的道。尽管如此，我还是想尽我所能地把中庸之道讲清楚。要准确理解中庸之道，必须回到《中庸》的文本。正如现象学家胡塞尔的主张：回到事情本身。立足于《中庸》文本，我读出了与众不同的味道。

首先，"中"是什么？"中庸"的"中"包含"中和"两个字的含义。"中和"的"中"，含义是适中、适合、适度、适宜，意味着在人与人、人与组织、人与社会、人与自然等结构性的关系中选择适中、适合、适度、适宜的思想、思路、策略、方法等。"中和"的"和"，含义是和谐，不仅意味着对差异的尊重，对不同的包容，对多元文化的包容，还意味着在人与人、人与组织、人与社会、人与自然等结构性的关系中保持着尊重不同、兼顾多元的和谐状态。《中庸》第一章，子思认为："中也者，天下之大本也；和也者，天下之达道也。致中和，天地位焉，万物育焉。”翻译成现代汉语：“‘中’是天下的根本之道；‘和’是天下的通达之道。达到‘中和’境界，天地各在其位而风调雨顺，万物各得其所而发荣滋长。”

其次，“庸”是什么？有学者把“庸”训作“用”，有学者训作“常”，我倾向于训作“常态”，即日用而不知的常态，知行合一的境界。一言以蔽之，“中和”经历认知、认同、实践、坚守，成为人的自觉和常态，就是中庸之道。

中庸之道是先天智慧还是后天智慧？当然是后天智慧。但是作为“中庸之道”的后天智慧却因先天本心本性而起，是建立在先天智慧的基础上的后天实践理性智慧。儒家主张的先天本心本性又是什么呢？比如仁心，是孔子儒家认定的最重要的先天本心；比如仁爱，是孟子儒家认定的最重要的先天本性，孟子的“性善论”就是建立在天赋“仁爱”的基石之上的。为什么说中庸之道建立在仁爱、包容的本心本性基础之上？试想，如果没有慈爱包容之心，为富而仁会可能吗？如果没有慈爱包容之心，大富者会意识到自己的财富属于社会和人类吗？如果没有慈爱包容之心，上位者会对下位者有同理心和同情心吗？如果没有慈爱包容之心，强势者会对弱势者有怜悯之心和救助的心愿吗？如果没有慈爱包容之心，人类会尊重其他民族吗？人类会珍惜自然资源吗？人类会敬畏天地和天命吗？——人类会有中庸之道的选择吗？

中庸之道与人的关系是怎样的？《中庸》告诉我们，中庸之道是君子之道，是经过一番修炼才获得的哲学智慧。中庸之道与君子（人）是“不可须臾离也，可离非道也”的关系。诸位在书本中看到的中庸和中庸之道的解释，那不是道，那是知识；中庸之道，只有被人认知，被人认同，被人实践，被人知行合一，达到无须提醒而自觉的境界，才能成为人的性格，成为人的气质，成为人的气场，成为人的生命常态。此时此刻，基于个体生命情感的中庸之道才能称为"道"！

中庸之道现在流行吗？答案是否定的。孔子说："中庸其至矣乎！民鲜能久矣。"两千五百年前，中庸之道在孔子的年代没有流行。在今天，中庸之道流行吗？依然不流行。今天全球的为政者，对于中庸之道能够像虞舜那样"用其中于民"吗？今天的知识分子，对于中庸之道能够像孔子那样反思自己"择乎中庸，而不能期月守也"的缺陷吗？今天的莘莘学子，能够像颜回那样"择乎中庸……则拳拳服膺"，用心、真心、诚心地体会中庸之道吗？今天的人类能够以"白刃可蹈"的勇气和执着去追求中庸之道吗？——中庸之道，在今天的时代依然没有普遍流行，错在以朱熹先生为主要代表的儒学研究者把"中庸"解读错了、偏了、歪了，误入歧途，如何能够流行呢？

今天的人类需要中庸之道吗？毫无疑问，迫切需要。

个人成长需要中庸之道。回到民国元年（1912），中国没有真正意义上的现代大学，没有真正意义上的现代中小学与幼儿园。从1912年上溯到鲁迅先生出生的1881年，这三十年左右的三代人，他们几乎都只接受了中国传统教育，他们在私塾只读过《三字经》《五字鉴》《增广贤文》《昭明文选》《古文观止》等传统文学，充其量还读过四书五经等经典，但是他们随后不久带着经典，或东渡日本留学，或远赴欧美留学，在他们的灵魂深处实现了东西方文化的交汇与融合。于是他们回国后形成了一股强大的爆发力，催生了中华民国数十年中灿若星河、数以千计的大师、巨匠、名流，重现了中华民族思想解放的精彩华章！——这是教育发展的中庸之道，也是个人成长的中庸之道，在个体生命中实现东西方文化的深度融合，才能形成最强大的爆发力。如果我们把陈寅恪、王国维、赵元任、梁启超的国学根基剔除，他们不可能成为清华国学四大导师，同样，把他们四人留学所受的西方教育的新增量剔除，他们一样也难以成为清华国学四大导师。如果把鲁迅、郭沫若、老舍等头脑中的传统文化抽离，他们不可能成为伟大的文学家；反过来，把他们头脑中的西学元素抽离，他们也成不了伟大的文学家；或者至多成长为一个二流、三流作家。

人民幸福需要中庸之道。首先，家庭和睦需要中庸之道。一家之中父慈子孝，契合中庸之道，背离了中庸之道家庭会和睦吗？夫妻之爱止于诚，契合中庸之道，背离了中庸之道夫妻会幸福吗？兄弟情义止于悌，契合中庸之道，背离了中庸之道兄弟会幸福吗？其次，社会和谐需要中庸之道。城乡之间的发展恪守中庸之道，优化二元结构，城里人幸福，乡里人快乐，如此当然和谐！为富而仁义，善待故旧，善待贫民；贫而有尊严，不坠青云之志，只争朝夕，力求上进，如此当然和谐！上位者心忧天下，眷恋苍生；下位者体谅国家，顾全大局，如此当然和谐！

企业成长需要中庸之道。企业如果不在产品质量与数量之间选择中庸之道，就会缺乏生命力！如果不在价格和价值之间选择中庸之道，就会缺少竞争力！如果不在员工福利和投资者利益之间选择中庸之道，就会缺少活力！如果不在守成和创新之间选择中庸之道，就会缺少可持续发展力！

民族复兴需要中庸之道。民族复兴于内而言，在政治方向上要充分体现人民的期盼和愿望，在经济政策上要充分兼顾各个阶层的利益，在公共服务上要充分彰显公平正义等；人民富裕，地方富有，国家富强；人格独立，思想自由，文化多元，教育发达，人才充足。如此才契合中庸之道，这是民族复兴的内推力。在对外关系上，尊重主权，尊重国格，尊重人类共同的价值坚守，国际交流自主，人民往来自由，文化交流自然等。如此才契合中庸之道，这是民族复兴的外推力。没有内外的"中和"，就没有国家民族的复兴。

人类今天面临的各种问题，源于背离了中庸之道。如果世界各宗教领袖和宗教人士懂得中庸之道，文明的冲突不至于如此激烈——时至今日，人类重新认识到亨廷顿"文明冲突论"的洞见是何等深刻！如果科技发展与人文建设遵循中庸之道，人类应该是科技的主人而不是奴隶！如果人类在处理自己与天的关系、自己与地的关系、人类欲望与资源供给的关系过程中，自觉恪守中庸之道，北极圈的冰山不至于崩塌得如此厉害，极端气候不至于如此频繁，大气污染、土壤污染、水污染不至于如此严重！

中庸之道，不属于先验智慧，不属于先天本心本性，但是属于在仁爱善良本心本性基础之上的实践理性智慧，是中华民族最宝贵的哲学智慧。孔子认为，中庸之道是君子之道。孔孟都认为，人人都可能成为尧舜，人人都可以成为君子，也就是人人都可以认知、认同、实践、坚守中庸之道。先秦儒家所谓"大道之行"，应是"仁道"和"中道"并行天下的圣境。

"中"是根本之道，"和"是通达之道，"中和"是宇宙法则，"致中和"符合天道，符合地道，符合人道！人处在与他人、与组织、与社会、与天地并存的茫茫宇宙，其实就是处在一个混沌而充满变数的庞大结构之中。如果人们能够自觉认知、认同、实践中庸之道，自然会在这个结构中三思而后行，会选择更加适中、适合、适度、适宜的道路和方案去解决我们日益增加的困扰问题，事事、时时、处处都能包容他人他物，兼顾多元，实现中庸之道，难道不美妙吗？

　　为人而致中和，必然德高望重，必然从善如流，必然利万物而不争！组织致中和，必然朝气蓬勃，必然欣欣向荣，必然蒸蒸日上！国家致中和，必然日新月异，必然自由幸福，必然因为人的自由、独立最终使国家复兴强大！达到"中和"的境界，天地各安其位，万类霜天竞自由，天地之间怎能不精彩？万物各从其类，百花齐放，百家争鸣，这个世界又怎能不精彩？我期待，中庸之道复兴于中国，中庸之道流行于世界！

柳恩铭撰于广州弘仁书屋

2024 年 6 月 18 日

朱熹先生认为《中庸》第一章是"经",从第二章开始都是"传","传"即对"经"做解释,这是汉代以后研治经学的套路。子思生在春秋战国之际,当时学界尚未有这种解读经典的模式和方法。对《中庸》的二分法解读匪夷所思,朱熹之后居然没有人怀疑,就更加令人不解。我把《中庸》作为一篇独立谈哲学的文章来解读。全书共七章,四十九节(自然段)。

第一章"中庸之道·总纲"(1—3 节),阐释了中庸之道基于天赋本性,率性修道而成;强调了中庸之道与人身心须臾不可分离的特点;揭示了"中和"之道的大本达道的特性。第二章"中庸之道·未行"(4—11 节),借孔子的话,阐述中庸之道属于君子之道,强调中庸之道认知难、实践难、坚守难。第三章"中庸之道·不远"(12—18 节),阐述中庸之道就在家庭中、生活中、工作中,离人们并不遥远。第四章"中庸之道·平治"(19—25 节),侧重阐述如何以中庸之道平治天下。第五章"中庸之道·至诚"(26—36 节),阐述至诚是体悟、认知、认同、实践中庸之道的基础。第六章"中庸之道·修行"(37—42 节),阐述达成中庸之道的修行。第七章"中庸之道·

方法"（43—49节），形象描述中庸之道的修养方法和路径。

朱熹先生认为："中庸者，不偏不倚，无过不及，而平常之理，乃天命所当然，精微之极致也。"从这段话可以判断，朱熹对"中庸"的理解有突出两点：一是认为中庸就是不偏不倚、无过不及、平常之理，这个理解太过狭窄。言下之意，不偏不倚之境是中庸。我认为，"中庸"之"中"包含第一章第三节"中和"两个字的含义。"中"就是适中、适合、适度、适宜，面对某种结构或局面，选择适中的、适合的、适度的、适宜的思路、策略、方法等，就是"中"；"和"就是尊重差异、尊重不同、包容多元的和谐状态；"中和"就是人面对某种结构而选择兼顾多元的最佳策略或状态。"中和"成为日用而不知的常态，就是中庸之道。二是认为"中庸"是"天命所当然"，把"中庸"归为天命，归为天理的范畴。中庸思想不是人的天赋，不是人的本心本性，而是在本心本性上，比如仁爱等基础之上，按照本心本性的方向修养修炼而形成的后天哲学智慧。《大学》中作为先天智慧的"明德"与《中庸》中作为后天智慧的"中庸"有着本质区别，"明德"即先天赋予人的本心本性，是道德的立法者，而"中庸"则是道德立法的结果。如孔子所说，中庸之道是"君子之道"，是人们自我修养达到君子境界的过程中体悟、认知、认同的"道"，是基于先天仁爱等智慧，源于实践积累，充满实践理性的哲学智慧，富有浓厚而鲜明的东方哲学色彩。笔者认为"中庸是不偏不倚"是对天命自然之理的误读。理解都误入歧途，又怎么期待中庸之道流行于天下呢？

古今中外解读《中庸》都把《中庸》文本中的"道"泛化了。

《中庸》中除了第一章第二节的"道"是泛指外，其余所有的"道"都是"中庸之道"。也正因为这种泛化，导致读者理解困难。云里雾里，不知所云，又如何能够将中庸之道融入身心而实现与身心须臾不可分离呢？

中庸之道是最宝贵的哲学智慧。恪守中庸之道的人生无悔，恪守中庸之道的事业不败，恪守中庸之道的国运昌盛！

柳恩铭撰于广州弘仁书屋

2024 年 6 月 18 日

中庸心读

目录

001 总 序

001 自 序

001 前 言

001 第一章 中庸之道·总纲

011 第二章 中庸之道·未行

029 第三章 中庸之道·不远

047 第四章 中庸之道·平治

071 第五章 中庸之道·至诚

097 第六章 中庸之道·修行

115 第七章 中庸之道·方法

129 附 录

163 参考文献

第一章 中庸之道·总纲

【1】 率性修道

天命之谓性^①，率性之谓道^②，修道之谓教^③。

【注】

①命：赋予。之：助词，表示应然。性：本心本性。②率：遵循。道：规律。中国哲学语境中的"道"属于最高智慧，只能"觉悟"，不可"言说"。用现在西方存在论哲学的概念表述，"道"就是"存在"，也就是主客一体的真理动态呈现过程。③修：修养。教：教化，以文化人谓之"教"，与现代培训、训练式的应试教育截然不同。《中庸》语境中的"教"包含"自觉、自化"的意思，强调被启发者自我觉醒、自我觉悟、自我发展的主观能动性。

【译】

上天赋予人的是本性，遵循本性就是道，按照本性修养身心就是教。

【读】

先秦儒家哲学是普世伦理哲学，适用于人类，适用于各民族，适用于各国家，适用于各时代。天赋本性有共性，也有个性。人生而善良，生而慈爱，生而慈悲，生而自然（老子），生而自由（庄子）等，这些都是天赋人类的共同本性，需要全人类共同尊重、珍惜、弘扬。

孔孟儒学认为，仁是先天赋予人的本心本性。何以见得？常态下人见到青葱的小草被无情践踏，必然心生怜悯；见到美丽的花朵被摧折，必然心生怜惜。正如孟子所说："所以谓人皆有不忍人之心者，今人乍见孺子将入于井，皆有怵惕恻隐之心。"这个"不忍人之心"，孟子称之为"恻隐之心"，孔子称之为"仁"。见到小孩即将爬到井里，是人都会伸出援手，无须提醒，无关你是否认识小孩的父母，无关你因为救助能否获得报酬，无关你是否因为救助获得荣誉等。

仁爱、自然、自由等先天本性需要尊重，需要珍惜，需要呵护，需要弘扬。但是，现实教育却反其道而行之。教育的本质是精神活动，教育的首要使命是对天赋本性的守护、强化、提升，教育必须先把人培养成人，培养成为具有人性的人而不是工具。人之为人的精神是什么？根本是伦理精神。君臣、父子、兄弟、夫妇、朋友是最基本的伦理关系，为人君止于仁，为人臣止于敬，为人父止于慈，为人子止于孝，为兄弟止于悌，为夫妇止于爱，为朋友止于信。如果为人而不仁、不敬、不慈、不孝、不悌、不爱、不信，内心不能安静也不能洁净，如何能够培养出工匠精神，如何能够培养出科学精神，如何能够培养出创新精神，如何能够培养出自由、民主、平等、公正、法治的人文精神呢？当这些精神的培养也被疏忽了、荒废了，教育也就失败了！人文精神的培养，是无法用分数来衡量的！但人文精神的缺失，却意味着教育的失败！

教育对象除了天赋共性外，每个生命个体还有不同的天赋异禀。有些人生而抽象思维发达，比如爱因斯坦、奥本海默、海德格尔等；有些人生而动手能力发达，比如爱迪生、贝聿铭、梁思成等；有些人生而审美智慧发达，比如贝多芬、柴可夫斯基、李斯特等。天命赋予每个人的天赋异禀是不一样的，人生一世各有优势潜能，当然各有精彩。教育在尊重天赋共性的基础上，必须尊重天赋个性，顺着天赋个性的道路培养、提升、锤炼，于是贝多芬成了贝多芬，爱迪生成了爱迪生，梁思成成了梁思成，让每个生命活出本真，让每个生命能够实现自我，让每个生命活出精彩。这才是真正的教育。

当代教育最大的问题有三个：一是忽视了人之所以为人的本心本性，即对天赋仁爱、自然、自由等价值的自觉和守护；二是忽视了上天给每个人的天赋异禀，牺牲了生命应然本然的精彩；三是忽视了人类后天对共同价值的追求，比如中庸、公平、正义、民主、法治等后天实践理性智慧，这些是从人类族群广泛而深入的社会实践中沉淀出来的，是文化繁荣和进化的结晶和精华，对这些后天智慧的认同、坚守、坚持程度决定了一个民族的文明高度。忽视了这三种智慧中的任何一种的教育，都不能说是好的教育，都不能说是成功的教育！

人生一世，各有使命。最大的使命，不是把个体锤炼成为某种工具，成为世俗庸俗齿轮中的一颗螺丝钉，而是把人类本心本性弘扬起来，把自己的天赋异禀和优势潜能发掘、发挥出来，活出生命的本真和精彩，为这个世界留下耀眼的生命之光！

【2】须臾不离

道也者①，不可须臾②离也，可离非道也。是故君子戒慎乎③其所不睹，恐惧乎其④所不闻。莫见乎隐⑤，莫显乎微，故君子慎其独⑥也。

【注】

①道：儒家文化的"道"属于生命情感智慧，与生命和灵魂融为一体，是个体生命物我一体的存在。也者：语气词重叠使用，表示强烈的感叹，类似于一声沉重的叹息。②须臾：片刻。③戒：警觉、警戒。慎：慎重。戒慎：保持道德自觉状态。乎：在。④恐惧：诚惶诚恐状，表示敬畏。其：代词，自己。⑤见（xiàn）：同"现"，展现。乎：在。隐：隐蔽。⑥君子：道德完美者或道德高尚者等。慎：谨慎。其：自己。独：独处。

【译】

道啊，片刻都不能离开人，可以离开的就不是道。所以，君子即便是在无人看见的地方都要保持道德自觉，就是在无人听得见的地方也要保持敬畏之心。道在隐蔽状而未显现，道在细微状而往往不被体察，正因为如此，君子在独处之时也要谨慎持重。

【读】

人作为道德本体，道德始终存在自己的身心。人们视觉看到的是人——特殊的存在者，而道却是看不见的存在。也许很多人觉得上述这段话，越说越迷糊，具体而微，比如茶杯，我们看得见、摸得着，这就是存在着某种形状的"杯"，那么茶杯的存在是什么呢？不仅仅是那一只有形的杯子，还有茶杯内的"中空"和茶杯外的"外空"，茶杯内外人们看不到的，甚至意识不到的恰恰是与"杯"一起的"存在"，这个"杯空一体"的存在就是道。

为什么说"不可须臾离也，可离非道也"？茶杯的"实物"与茶杯内外的"空间"可以分开吗？显然不可以。因为分开了，就意味着茶杯这个实物被打破、被打碎！那样茶杯和茶杯内外的空间同时消失了。物是如此，人是否也如此呢？比如，孔子作为特殊的存在者，有人有图有真相，哪怕只是画像，毕竟是可以看见的存在者。但是，与孔子同时不可分离的是他的哲学思想和教育思想等，这些"不可须臾离也"指的就是孔子的"道"。一定要分开，就不是孔子之道，而是一种死记硬背的知识。每个活着的学者，其道德可以与人分开吗？须臾不可分离，分离了就是知识，只有与人的灵魂融为一体，实现"物我一体"才是"道"！这种"物我一体"的"道"，被二十世纪最伟大的哲学家海德格尔称为"存在"。

正因为"道"不可须臾与人的身心分离，所以，君子即便是在他人看不见的地方，在他人听不见的地方，也保持着道德自觉，保持存在和存在者相融为一。道以隐蔽的状态存在，以细微的状态存在，即便是在独处之时，君子也能保持本心本性，也能保持谨慎持重，而不能放纵自我，不能放浪形骸，不能让至真、至善、至美的道德精神逃逸出人这个道德本体。"慎独"是孔子儒家重要的修身功夫，为什么必须修身，因为仁爱等道德虽然是上天赋予的，但外物的诱惑或欲望，有时候会遮蔽人的本心本性，有时候甚至会直接冲毁天赋的篱笆，陷入不道德的泥沼；出现如此局面，就需要恢复本性。世俗的焦虑，世俗的追名逐利，世俗的权力和金钱崇拜，皆由于人丧失了或迷失了本心本性，当人们普遍人而不仁、人而不敬、人而不慈、人而不孝、人而不悌、人而不爱、人而不信，这个社会就病入膏肓了。个体道德与身心出现分离——双重人格十分普遍，社会道德将普遍滑坡，国家将处在危险之中，人类将处在危险之中。

很多人认为，在 AI 时代，机器或者机器人可以取代人类，我不认同。机器或者机器人等，可以改变人类的生活方式，但是不能改变人类的伦理情感、态度、价值观。以教育为例，机器教学可以完全代替人吗？视频教学可以完全代替人吗？AI 机器人教学可以完全代替人吗？其实都不能。为什么？因为人是道德体，除了知识、能力外，还有生命、情感、智慧，当身体融合了知识能力和生命、情感、智慧，其就是一个"道德体"，对学生的影响不只是教知识，不只是培训技能，不只是锻炼能力，还有如影随形的伦理、态度、价值观等，而这些恰恰是教育过程中学生更需要且更为重要的东西。

【3】 大本达道

喜怒哀乐之未发①，谓之中②；发而皆中节③，谓之和④。中也者，天下之大⑤本也；和也者，天下之达⑥道也。致中和⑦，天地位⑧焉，万物育⑨焉。

【注】

①发：迸发、宣泄。②中：适中、适合、适度、适宜。③节：法度。④和：和谐。不同而相容，差异而共生。⑤大：最。⑥达：通达。⑦致：达到。中和：适中和谐。⑧位：各安其位。⑨育：生长。

【译】

喜怒哀乐的感情还没有迸发，叫作"中"；迸发出来而不违背法度，叫作"和"。"中"是天下的根本之道；"和"是天下的通达之道。达到"中和"的境界，天地各在其位而风调雨顺，万物各得其所而发荣滋长。

【读】

"中"是什么，"中"就是适中，就是适合，就是适度，就是适宜，朱熹先生解释为"不偏不倚，无过不及"绝对化也简单化，可以理解为"中"的一种表现形态，但不是全部，黄金分割是最佳比例，它属于"适中、适合、适度、适宜"，但绝不是"不偏不倚"。秤的平衡是"中"，但是平衡点绝对不是"不偏不倚"，而是那个使得秤砣和物体平衡的"点"。为什么说"中"是根本之道呢？以社会为例，社会橄榄型结构就是"适中、适合、适度、适宜"的，橄榄型结构最稳定。在年薪六千万和年薪六万的人之间追求适中、适合、适度、适宜，就是"中"；在豪宅万顷和上无片瓦下无立锥之地者之间追求适中、适合、适度、适宜，就是"中"。以自然界为例，从食物链的底端到顶端，保持"适中、适合、适度、适宜"才能维持自然界的生机勃发，食物链的关键环节断掉，可能导致整个地球生态的颠覆和毁灭，这就是人类需要立法保护稀有动物和稀有植物的真实原因。

什么是"和"？"和"就是"和而不同"，"和"就是尊重差异，"和"就是尊重不同，"和"就是尊重个性，"和"就是自我自由而不妨碍他人，"和"就是不同的人、不同的思想相互尊重，"和"就是不同文化相互包容、相互促进、共生共荣。"和"的反义词是"同"。"和"是儒家文化最重要的核心价值之一，"和"为什么是"通达之道"呢？"和实生物，同则不继"，男人与女人不同，生活在一起就可能创造新的生命；男人在一起，或者女人在一起，就不可能创造新的生命。同样的道理，松树很美好，但是不可能全球只种松树，那不是生态，那是死亡之态。人是万物之灵长，但是如果地球上只有人类而没有别的动物，那不是生态，那是死亡之态。红色很好，但是如果世界上只有红色呢？绿色很美，但是如果世界上只有绿色呢？阳光送来温暖，但是如果人类只有阳光呢？水是生命的源泉，但是如果人类只有水呢？自然界如此，文化也是如此。三国时期，蜀汉政府的衰微和失败，问题出在"同"文化。蜀汉文人武将均无须独立思考，不需要独当一面，一切以诸葛亮的锦囊妙计为真理，拆开锦囊照着做，毫厘不爽。但如此求同尚同，最终所有的谋士都没有独立思考的机会，所有的武将都没有独当一面的历练，最终陷入了"蜀中无大将，廖化作先锋"的困局。真的无大将吗？当然不是。诸葛亮的作风，扼杀了所有的谋士和武将的成长。蜀汉政府的失败未必是天意，但一定是文化选择的失败，是价值选择的失败，是违背"和"这个达道的失败。相反，同为丞相的曹操，仿佛"周公吐哺，天下归心"，虚怀若谷而广纳英才，谋臣各尽其能，武将用其所长，群策群力，朝气蓬勃，越战越强，最终形成曹魏一国独大。曹魏集团的兴盛，未必全是天意，更多的是"和"文化的选择以及实践的必然结果。

第二章 中庸之道·未行

【4】 君子中庸

仲尼①曰："君子中庸②，小人反③中庸。君子之中庸也，君子而时④中；小人之反中庸也，小人而无忌惮⑤也。"

【注】

①仲尼：孔子，名丘，字仲尼，儒家学派创始人，中国伟大的思想家、哲学家、教育家。②中：适中、适合、适度、适宜。庸：平常、恒常。中庸：适中且恒常。③反：违反、违背。④时：因时而中，即在时间变易中保持适中、适合、适度、适宜。⑤忌惮：顾忌和畏惧。

【译】

孔子说："君子中庸，普通人违背中庸。君子之所以中庸，是因为君子在时光变易中依然保持中庸；普通人常常违背中庸，所以普通人无所顾忌而走极端。"

【读】

首先，明确孔孟儒家语境中的"君子"的含义。尧舜禹时代，德高望重者才能被民众推举为"君"，这是"君"的源头。君，作为君子，当然是人格完美、道德高尚者。在此基础上，道德完美的上位者都可以被称为"君"，古人称父亲为"家君"，就是这个原因。称道德高尚的上位者为"君"的传统，为日本人所传承，日本人至今对男性的尊称，依然保持着

"君"的称呼，比如坂田君、池田君、松田君、藤田君等。但是，中国在汉代以后，因为把孔子儒家思想意识形态化，"君"差不多就专指国君或天子了，显然这是一种异化。回到现实生活中来，任何一个人既是君，又是臣；作为社会动物，人不可能离群独居。生活在人群中，处于上位则为君，处于下位则为臣。按照孔子儒家思想建构的君臣关系，为人君贵在仁，上位者有仁心，下位者如沐春风，是一种远胜于权力的非权力影响力。为人臣止于敬，下位者对上位者，保持尊重，东方西方，古代现代，都是如此！

其次，明确"中庸"二字的含义。什么是"中"，第一章已经作过阐述，这里的"中"是"中和"，是"适中和谐"。"庸"，有学者训作"用"，有学者训作"常"，其实合而为一就是其准确的含义：日用而不知的常态。"庸"的状态就是"道"的存在状态，就是恒常的存在。人们在看某一个人的时候，看到的是他的容貌、服饰、举止等可见的，往往并没有了解与这个人同时存在的他的思想、情感、态度、意志、价值观、人生观、世界观等。人们在接受"以手指月"的教导时，往往把目光集中在指月者，更有甚者集中在指月的那根手指，而忘了月亮本身。很多人追星、追佛、追道，追的是明星，追的是和尚，追的是道人，而忘了明星背后的艺术、和尚背后的佛性、道人身上的道行，这些被忘记的往往就是成为日用而不知的"庸"道，就是日用而不知的存在状态。

君子与小人在这一章是相对并举的，君子是道德修为达到真善美境界者，也就是能够常态守护中庸之道者；小人是道德修为没有达到高境界，不能常态守护中庸之道，甚至是不自觉违背中庸之道者。这里的君子与小人虽然相对，但不是相反，不能按照世俗把君子理解为道德高尚的人，把小人理解为道德败坏的人，小人只是尚未成熟的人，是正在修炼发展走向君子人格的人。孔子的学生子贡曾经请教孔子："子张与子夏谁更贤一些？"孔子说："子张过分了，子夏不够。"子贡追问："是否意味着子张更贤一些呢?"孔子回答:"过分与不够都一样。"《论语·先进篇》,说的就是中庸的境界,就是恰到好处,恰如其分,就是"适中、适合、适度、适宜"。宋玉《登徒子好色赋》形容东家美女:"增之一分则太长,减之一分则太短;著粉则太白,施朱则太赤。"这是以文学的方式表达中庸之道,恰到好处、恰如其分,适合才是最好的。"恰到好处、恰如其分",本来就是宇宙的法则。杨振宁和他的老师都坚信宇宙是被设计好的,而不是偶然的存在。爱因斯坦去世前也曾说过类似的观点。科学家至今无法解释地球自转的力量来自何方,至今无法解释地球离太阳的距离再近一点或再远一点为什么都是毁灭。人们在坚信人是由猿猴进化而来的时候,都在质问为何在有文字记载的几千年的历史中,没有人见到一只猿猴进化为人?同样,为什么几千年来,没有见过达尔文的进化论的其他案例?鹰眼看世界的能力是人的千倍,这到底是因为生存进化的结果还是因为捕食的需要而设计的功能?如此等等,不一而足。科学家到今天,都不能给出准确答案。中庸是宇宙的法则,契合天道、地道、人道;遵循则顺则生,违背则悖则死。

中庸之道不能神秘化,反而必须世俗化和生活化,作为儒家哲学的方法论,是人必须自觉遵循的"道"。何为中庸之道?"少之时,血气未定,戒之在色"不是中庸之道吗?"及其壮也,血气方刚,戒之在斗"不是中庸之道吗?"及其老也,血气既衰,戒之在得"不是中庸之道吗?"为富而仁"不是中庸之道吗?财富积累多了意识到必须回报社会,这不是中庸之道吗?迷恋顶层设计的所谓大师、大家,花些必要的时间走向基层、走向民众,这不是中庸之道吗?把金字塔的社会结构调整为橄榄型的社会结构,这不是中庸之道吗?把过多的管理层级扁平化,这不是中庸之道吗?把中国最优秀的传统文化与西方最经典的现代文化融合起来,这不是中庸之道吗?计划之中有市场,市场之中有计划,这不是中庸之道吗?一言以蔽之,小到一时一事,大到一国乃至全人类甚至全宇宙,人作为能够系统思考且能制造工具的唯一存在，中庸之道难道不是每个人应当追求和坚守的吗？富贵了而保持一颗仁爱之心，如果没有对仁爱的自觉与坚守，富贵能够长远吗？贫穷了却不失本心而又只争朝夕，这种只争朝夕的自觉与坚守不需要吗？从人民中来，再到人民中去，这种自觉和坚守不是最好的工作方法吗？——相信孔孟的仁义自觉，同时相信老子的自然和庄子的自由，难道不就是中庸之道吗？无论是个人，还是组织，中庸之道都是生存与发展的法则，违背了中庸之道必然走向衰败和灭亡！现代社会形形色色的丑恶和罪恶，无一不是人们或者组织背离中庸之道的恶果！

孔孟儒学认为"人皆可以为尧舜"，人人都可以成为君子，要么已经是君子，要么在修炼成君子的途中；如此，中庸之道应该通过教化成为每个人的自觉与坚守！国能如此，则"大道之行"、民族复兴指日可待！

【5】贵在恒常

子曰："中庸其至①矣乎！民鲜②能久矣。"

【注】

①至：最高明，至真、至善、至美。②鲜（xiǎn）：少。

【译】

孔子说："中庸是最高明的道吧！百姓之中很少有人能够长久做到中庸啊。"

【读】

子思人微言轻，借用孔子的话批评现实："中庸其至矣乎！民鲜能久矣。"这是传承孔子批判现实的传统。有两个要点：一是中庸是至道，但不是先验理性，而是后天实践理性，是一种基于实践的后天哲学智慧；二是百姓少有人能够长久坚持和坚守。朱熹先生认为是因为世道衰败，教化衰微，所以中庸之道少有人能够达到。孔子却说："我欲仁，斯仁至矣！"一个人想追求仁爱，仁爱就回到自己的心中；同样的道理，对于后天哲学智慧中庸之道，如果人主动追求，也能够领会到中庸之道的圣境。能够瞬时达到中庸之道的境界的人，大有人在，难就难在长久坚持坚守，难就难在中庸之道与生命"不可须臾离"。当中庸之道成为人的性格、成为人的气质、成为人的气场，就实现了"人道合一"。人，能够让中庸之道融入身心，成为人格特征，也就意味着他成为君子——道德高尚者。富贵不淫就是中庸之道，贫贱不移就是中庸之道，到达高位不忘故旧就是中庸之道，大富依然保持一颗仁爱的心就是中庸之道，大贵依然保持一种谦卑的态度就是中庸之道，"望之俨然，即之也温"也是中庸之道……中庸之道就在生活中，保持中庸之道，人生的色彩会明丽柔和，生命的温度会温暖适宜，生命会有一种春光明媚的怡然惬意！

【6】 民鲜知味

子曰："道之不行①也，我知②之矣：知者过之；愚者不及也。道之不明③也，我知之矣：贤者过之；不肖者不及也。人莫不饮食也，鲜能知味也。"

【注】

①道：特指中庸之道。行：流行，广泛为人们所自觉奉行；不是"实行"。②知：知道。③明：自明，自我觉悟觉醒，称之为"明"。

【译】

孔子说："中庸之道不能流行的原因，我当然知道：自视过高的人过分理解了；生性愚昧者往往又达不到。人们没有在内心自我觉悟中庸之道的原因，我当然知道：贤者做过头了；没有才能的人又达不到。就像人每天喝水吃饭，却很少人知道其中的味道。"

【读】

中庸之道，不是不真，不是不善，不是不好，不是不美，而是人们缺少对它的自觉，不能融入心，不能融入灵魂，不能融入生命，自然不能达到知行合一，自然不能达到一种恒常状态。所以，生活中"知者过之"和"愚者不及也"，"贤者过之"和"不肖者不及也"，就是普遍现象。中庸之道不能流行，原因是中庸之道不能自明。只有在认知的基础上，实现中庸之道自觉，实现自我觉悟，然后付诸实践，达到知行合一的境界，中庸之道才能成为人"不可须臾离"的至道，成为人稳定的道德品质，成为人的生命磁场和生活气场。

中庸之道是基于本心本性而起的后天理性智慧，如何才能让中庸之道成为一种生命自觉和坚守呢？应该从心做起。人者，仁也。仁是人的本性，慈爱、慈悲就是人的本心。坚守这个本心，那么在处理各种情绪情感问题的时候，往往就能够回到中庸之道，或者说不会背离中庸之道。但难就难在对本心的坚守。比如一夜暴富，十之八九的人会性情大变，忘乎所以，对同辈不理不睬，对故旧颐指气使，背离了中庸之道。又比如一夜骤贵，位置变了，能否依然故我，能否依然孝敬长辈，依然尊重同僚同辈，依然怜爱提携晚辈，依然保持谨慎持重？如果能，就符合中庸之道。再比如说老子哲学提倡"自然"，读书人能够在本性的"自然"中不忘记仁义的"自觉"，也是符合中庸之道的；工作中只争朝夕和与时俱进，生活中简朴简单而平和舒缓，二者融合起来，就是中庸之道！作为士人，作为士大夫，作为知识分子，能够在思想和实践中兼顾上位和下位，兼顾既得利益者和无产者，兼顾自己与他人，兼顾人类与自然等，这样做也就符合中庸之道，能够行稳致远。反过来，眼睛只向上看，心里只有上位者，甚至心里只有自己，这样的人或许一时可以成功，但是终其一生必然是失败，因为他偏离了中庸之道。中庸之道并不神秘，若能够用心体会、用心坚持，往往在立德、立功、立言上都能有所成就！

【7】大道不行

子曰："道其不行矣夫①。"

【注】

①其：表示大概、恐怕等推测的语气助词。行：流行。矣夫：语气词叠用，强化孔子的感叹程度。

【译】

孔子说："中庸之道没有流行啊！"

【读】

孔子生前就哀叹："中庸之道大概流行不起来了！"自以为是的智者或贤者，不能守中庸之道，生活上始终向达官贵人看齐，向富人看齐，就连自己的孩子也只是引导其关注比自己强的人，并因此无所不用其极。殊不知，平淡才是生活的本真，简单才是幸福所在，慈悲才是生命张力之源泉。没有慈悲心的父母就是最坏的老师，富贵都难过三代。为富不仁者不守中庸之道，自己花了高价购买了所谓富人区的房子，就不愿意自己的孩子与隔壁的解困房小区的孩子一起读书，竟然还集体示威，集体游行，集体上访。殊不知，怜悯弱者，照顾弱者，才是人类的美德和大智慧；殊不知，中庸之道，才是人类的至真、至善、至美的品德。从排斥穷人孩子的那一刻开始，已经给自己的孩子植入一颗为富不仁的坏心，再好的教育也无济于事。如果教育本身，扶强不扶弱，那是国家民族的不幸！

我想孔子活到今天也会感叹："中庸之道尚未流行啊！"

【8】用中于民

子曰："舜其大知也与^①！舜好问而好察迩^②言，隐^③恶而扬善，执^④其两端，用其中^⑤于民，其斯以为舜^⑥乎！"

【注】

①其：语气词，表示感叹。知（zhì）：通"智"，智慧。也与：语气词重叠加强语气。②迩：浅近。③隐：隐藏。④执：把握。⑤其：代词，那。中：适中。⑥其：语气词，表示推测。斯：这。斯以："以斯"的倒装，凭着。舜：本义是仁义圣明，而大舜以此命名，也有一种勉励或自励的意味。

【译】

孔子感叹说："舜可真是具有大智慧的人啊！舜喜欢向人问问题而且特别喜欢分析那些浅近俗语的含义，隐藏别人的恶而宣扬他的善，把握智者愚者、贤者不肖者两种极端的情况，选择适中的策略用于百姓，这就是舜之所以成为舜的原因啊！"

【读】

读到这一章，心情非常沉重。舜在原始共产主义时期，就懂得中庸之道，就能够眼光向下，礼贤下士，向他人请教，尤其喜欢观察思考那些来自民间的俗语俚语。这是多么智慧啊！"高手在民间"，并不只是一句客套话！太多的"智者"，师心自用，自以为是，把位置当作智慧，把权力当作权威，以为自己站得高、看得远、想得深，而事实未必如此：比如一个从来没有地方或经济工作经验的人，仅仅凭着自以为是的书本知识，规划一个国家的经济，这个国家的经济会好吗？假如一个从来没有基层经验或经济工作经验的人，仅仅凭着书本知识或者文件上的数据去规划一个州或省的经济，这个州或省的经济会好吗？

天下公职人员，如果有幸读到《中庸》这一章，就应该明白如何服务大局，如何服务民生。经济好不好，企业家知道；民生好不好，百姓知道。为什么不能广泛听取企业家、城市市民、乡间农民的意见呢？如果只能唯上，只能唯权，不能唯实，不能唯下，那么制定的政策往往只能保护既得利益者，只能保护当权者，只能保护富人，又怎么可能兼顾贫困者和弱势群体呢？社会的很多结构性问题，都是由这种不能自觉行中庸之道的"智者""贤者"的想当然的决策所导致，这些问题几乎都是社会和国家面临的死结和难题！毛泽东同志深谙中庸之道："从群众中来，到群众中去。"

教育政策的制定，更应坚守中庸之道。政策制定者既要深度研究现代教育的典型案例，又要深入基层，听听基层校长、教师的意见；既要研究国外的先进教育，也要吸收中国古代教育的优秀传统。如果凭着自己的有限学力和认知，想当然地制定各种教育政策，指导全国或全省或全市或全县的教育，是很难办好教育的。义务教育阶段的学生均处于价值观初步建构、人生观初具形态、世界观初步形成的可塑性最强阶段，每个学生都有一万种可能性的变化，教育政策且莫给教师、学生、家长拷上心灵枷锁，形成无以复加的强大心理暗示，万不能扼杀大多数学生在自己的优势潜能中出类拔萃的可能性。

【9】 不守期月

子曰："人皆曰予知[①]，驱而纳诸罟攫[②]陷阱之中，而莫之知辟[③]也。人皆曰予知，择乎中庸而不能期月守[④]也。"

【注】

①予：我。知：通"智"。②纳：装进。诸：之于。罟（gǔ）：捕兽的网。攫（huò）：装有机关的捕兽的木制笼子。③辟：通"避"。躲避、逃避。④择：选择。乎：于。期月：一整月。守：坚守、坚持。

【译】

孔子说："人人都说自己聪明，被驱赶而掉进捕捉野兽的网笼和陷阱中，却不知道躲避。人人都说自己聪明，选择了中庸之道却不能坚持一个月的时间。"

【读】

为什么说中庸之道是至道和达道？首先，以中庸之道做人，往往备受人们的尊重和敬畏。中庸之道，可以处理自己与领导之间的关系，适中、适度是最好的选择，距离产生美感，离领导太近了，有一种伴君如伴虎的惶恐与不安，甚至失去自己的尊严和生活；离领导太远了，可能被边缘化。与下级相处，也应遵循中庸之道，太近了容易庸俗，太远了容易互生嫌隙，适中、适度最好。其次，以中庸之道做事，事业往往更容易成功。

企业经营，充分考虑质量与数量的匹配，充分考虑供给与需求的平衡等，企业经济或许未必增长得很快，但是也不会在短期之内倒闭。从事教育，充分考虑教育者与受教育者的关系，充分考虑学校教育与家庭教育的关系，充分考虑现实教育与未来教育的关系，充分考虑中国教育与外国教育的关系，充分考虑文化传承与创新的关系，充分考虑全面发展的理念与个性发展的实践的关系，充分考虑教和学的关系等，在这些相对的关系中寻找中庸，那么教育的政策和行为都不会出现大的偏差。

中庸之道，在自以为是的"智者"看来或许太过平淡平庸而不被重视，所以常常会走极端。碰到被驱赶的特殊境况而慌不择路或饥不择食，掉入陷阱之中而浑然不觉，毫不为怪。因为中庸之道，并非先天禀赋，并非上天赋予，是人类后天族群经过沉淀总结出来的哲学智慧。要做到将其融入生命，融入灵魂，成为无须提醒的行为自觉，还有磨炼的必要。常人不能坚持中庸之道一月之久，只有经过了认同中庸之道，实践中庸之道，最终把中庸之道融入灵魂，融入生命，成为人格特征，成为生命常态，才能以知行合一的方式恒常坚守中庸之道！

被中国人称为圣人的孔子，都谦虚自己不能长时间坚守中庸之道，甚至被驱赶到陷阱而不自知，这是谦虚吗？当然不是。恰恰说明，后天实践理性沉淀的哲学智慧，要成为人的共识不容易，要成为人的自觉坚守不容易，要成为人的道德品质不容易，要成为中国人一种共同的人格更不容易！但中庸之道却是当代中国人最需要的哲学智慧！

【10】 拳拳服膺

子曰：“回之为人也，择乎中庸，得一善①，则拳拳服膺而弗②失之矣。”

【注】

①得：体会、得到。善：好处。②拳拳：紧握状。服：着，放置。膺：胸口。弗：不。

【译】

孔子说：“颜回的为人啊，选择了中庸之道，体会到善道的好处，就牢牢地把它记在心里，不让它失去。”

【读】

颜回选择中庸之道，体会到了中庸之道的美妙，非常虔诚地将其牢记于心，努力不让中庸之道离开自己。颜回不属于天赋很好的学生，但他十分勤奋，大智若愚，所以深受孔子喜爱。颜回对于中庸之道的体悟，回到现实生活不太实际，中庸之道本在生活中，累了就要适度休息，休息好了就要只争朝夕，难道这不是中庸之道？是的。中庸之道在工作中，哪怕是做秘书，起草文书，既要想到人民的利益高于一切，以人为本，以民为本；同时，要站在上位者的立场严谨判断和深入思考，在两者之间求得一种“适中”且“经得起时间检验”的方案。这难道不是中庸之道吗？是的。

　　体会中庸之道不难，难在用心坚守。中庸之道体现在世俗伦理的方方面面，比如友谊。对朋友太过亲密，太过迁就，这份友谊也许就贬值；对朋友太过陌生，太过疏远，这份友谊或许也就不存在。距离产生美，要保持适度的距离，适度的亲密，适度的态度，适度的相知，适度的互助；需要的时候出现，不需要的时候少见。这就是中庸之道，这样的友谊更加长久，这样的友谊更值得双方珍惜！——恪守中庸之道成为一种习惯后，人生可能很平淡，但是很充实，很丰盈，不经意间活出了生命的绚丽与永恒！

【11】中庸难能

子曰："天下国家可均①也，爵禄可辞②也，白刃可蹈③也，中庸不可能也。"

【注】

①均：平治。②爵：爵位。禄：俸禄、薪资。辞：辞掉、放弃。③蹈：踩踏。

【译】

孔子说："天下国家可以平治，爵位俸禄可以放弃，利刃可以赤脚踏过，只有中庸之道是不容易做到的。"

【读】

这一章讲中庸之道实行的艰难。为何艰难？契合天道，契合地道，契合仁道，是中国先民后天实践理性沉淀的高明的哲学智慧。天道，"天行健，君子以自强不息"，要包容他人，包容不同，包容万物，要海纳百川，如何不艰难？地道，"地势坤，君子以厚德载物"，要承载对自己的责任，要承载对家人的责任，要承载对族人的责任，要承载对社会的责任，要承载对国家民族的责任，甚至要承载平治天下的责任，如何不艰难？仁道，处于上位，要为下位者考虑，要"水善利万物而不争"，如何不难？看看现实，如果官僚成为既得利益集团，他们能够制定出利国、利民、利苍生的好制度、好政策、好法律吗？君不见，多少贪官，贪得无厌，对于最底层人民一毛不拔。因为中庸之道，作为后天沉淀的契合天道、地道、仁道的人的至道，要认同不容易，要实践不容易，要做到不需要提醒的自觉更加不容易。所以，孔子以反衬手法，以天下国家可以平治、爵位俸禄可以放弃、利刃可以赤脚踏过，强调中庸之道的实践和实现非常不易！难，并非不可能，并非不可以，何况孔子儒家思想认为人类需要中庸之道呢？拳拳服膺，持之以恒，可以达到知行合一的境界，把中庸之道演变成不需要提醒的自觉。当中庸之道成为生命的常态，成为人格，成为气质，成为气场，这样的人生应该是无怨无悔的！如果中庸之道成为国人的自觉，成为国人的追求，成为国人的坚守，文明程度会登上世界之巅峰！

第三章　中庸之道·不远

【12】和而不流

子路问强①。子曰："南方之强与②？北方之强与？抑而③强与？宽柔以教④，不报⑤无道，南方之强也，君子居⑥之。衽金革⑦，死而不厌⑧，北方之强也，而强者居之。故君子和而不流⑨，强哉矫⑩！中立而不倚⑪，强哉矫！国有道，不变塞⑫焉，强哉矫！国无道，至死不变⑬，强哉矫！"

【注】

①子路：孔子的弟子，即仲由，以勇武著称。强：刚强。②与：同"欤"，句末语气词，表示疑问语气。③抑：选择性连词，或者，还是。而：同"尔"，代词，你。④宽：宽厚、宽容。柔：温柔。以：连词，而。教：教化。⑤报：报复。⑥居：处于。⑦衽（rèn）：席，名词作动词，以……为席。金：铁制兵器。革：皮革制成的甲胄等。⑧厌：厌倦、后悔。死而不厌：即死而不已。⑨和：中和。不流：不随波逐流。⑩矫：刚强状。⑪倚：偏执。⑫塞：未达时的志向，初衷、初心。⑬变：改变初心、气节。

【译】

子路问孔子什么是"强"。孔子说："你问的是南方的强呢？还是北方的强呢？还是你认为的强呢？用宽容温柔教化人，不报复无道之人，这是南方的强，君子坚持这种强。枕戈待旦，戴甲而卧，死而无悔，这是北方的强，勇武好斗的人保持这种强。所以君子中和却不随波逐流，这才是最强的啊！内心中正而不偏执，这才是最强的啊！国家政治清明，也不改初心，这才是最强啊！国家混乱腐败，至死也不改气节，这才是最强的啊！

【读】

这一章表面论述刚强，其实探讨的是中庸处世之道。在孔门弟子中，子路以勇武著称，他问孔子什么才是真正的强。孔子因材施教，把强纳入"道"的范畴，告诫弟子什么才是真正的强。一方水土养一方人，强有地域差异，也有内外之别。在孔子看来，南方之强在于中和与温柔，以温柔敦厚的教化去塑造人。人们内心温厚宽容，对无道之人也不会睚眦必报。这是柔弱胜刚强的强，如水一般柔美，却具有水滴石穿的能力。另外一种强，与此相反，马不解鞍，人不卸甲，枕戈待旦，死而无憾，这是北方的强悍。然而，孔子心目中的强既不是南方之强，也不是北方之强，而是一种内心的强大。何为内心强大？坚守中和之道而不随波逐流，这是内心强大！心存中正不偏执，这才是内心强大！国家清明，不改初心中庸之道，这才是内心强大！国家混乱，不变初心中庸之道，这才是内心强大！南方之强有不及，是铺垫；北方之强有过之，是反衬；内心对于难于"白刃可蹈"的中庸之道的坚持坚守才是真正的强大！

大丈夫何以立世？坚守中和，不随波逐流；内心中正，不偏不倚；国家清明，不改初心；国家混乱，不弃中道。无论对于个人，还是对于组织，对于国家民族，走极端意味着衰弱、衰败、衰亡，古今中外，没有例外！中庸之道，就在身边，就在世间！

【13】遵道而行

子曰："素隐行怪①，后世有述②焉，吾弗为之矣。君子遵③道而行，半途而废，吾弗能已矣。君子依④乎中庸，遁世不见知⑤而不悔，唯圣者⑥能之。"

【注】

①素：同"索"，搜索。隐：隐僻之事物。行：做。怪：怪异。②述：记述、称道。③遵：遵循。④依：依照。⑤遁世：避世。不见知：不被知道；见：被。⑥唯：只有。圣者：圣人，道德修为达到最高境界者。

【译】

孔子说："搜索、探求隐僻的事情且行事古怪，博得后世人称道，我不会这样做。君子遵循中庸之道去做，却半途而废，我不会这么做。君子依照中庸之道为人处世，避世隐居终不被人知道也不后悔，只有圣人能做到。"

【读】

人生一世，各有责任。孔子作为中国文化的托梦人，有自己的追求。即便是到了"急急如丧家之犬"的紧急状态，也没有放弃自己的理想。探讨隐僻事情，行事古怪，以博得当世人的喝彩，甚至博得后世人的称道，这绝不是孔子的选择。遵行道以救天下，半途而废，这也不是孔子的选择。孔子的选择是什么呢？面对礼乐崩坏，孔子倡导以礼治国，挽救失序的社会，他做过乘田史，做过中都宰，做过司寇并代理鲁国宰相，都取得了很好的成就，让鲁国出现复兴的曙光。但是，当国君分祭肉"忘了"孔子时，他分明感受到国君的"冷暴力"，于是开始周游列国，寻求新的政治机会以复兴一地一国，当所有的努力都失败了以后，孔子选择"以教为政"，以教育达成自己的理想。通过教育改变学生，通过学生改变社会，进而改变国家和天下。最终，孔子因此而成为中国甚至人类历史上最伟大的教育家。举世混浊，不改初心，不变正心，这就是中庸之道，这就是最有韧性的坚强。

孔子的处世恪守中庸之道。首先在君臣之间恪守中庸之道。"君使臣以礼"则"臣事君以忠"，鲁国国君不尊重自己，他挂印而去，此后周游那么多国家，都是如此，没有违背中庸之道，没有向国君或权贵者折腰乞讨。其次在师生之间恪守中庸之道。既没有所谓高高在上，也没有歧视、蔑视、侮辱任何一个学生，孔门课堂的师生平等，教学民主，思想自由。孔子开平民教育先河、开民办教育先河、开素质教育先河、开生本教育先河、开道德教育先河、开审美教育先河、开诗歌教育先河、开有教无类先河、开因材施教先河、开教学相长先河、开全科教师先河、开学术独立先河。他能成为最伟大的教育家，得益于其在教育的整体结构中始终遵循中庸之道！——这一章，以孔子的价值观、人生观证明中庸之道的真理价值！

搜寻奇闻轶事以图流传后世，不是孔子的选择，其实也不应该是当代人，尤其不应该是当代知识分子的选择。因为人之所以为人，需要天赋自觉，仁爱自觉，慈悲自觉，自由自觉；人之所以为人，需要责任自觉，有对自己的责任，有对家人的责任，有对社会的责任，有对民族的责任，甚至有对国家的责任。认定值得做的事情，半途而废，不是孔子的选择；也不应该是当代人的选择。笔者做教育数十年，有实践，有经验，有理论，有思想；岗位可以变化，但是对教育的研究和学术的追求不可以变。笔者一直遵循曾参的教诲："君子不出家，而成教于国。"用基于实践的理论创新和先进的思想理念推动教育改革发展，是教育者一生的使命自觉和责任自觉！

【14】 大道无形

君子之道，费而隐①。夫妇②之愚，可以与知焉③，及其至④也，虽圣人亦有所不知焉。夫妇之不肖，可以能行焉，及其至也，虽圣人亦有所不能焉。天地之大也，人犹有所憾⑤。故君子语大，天下莫能载⑥焉；语小，天下莫能破⑦焉。《诗》云：'鸢飞戾⑧天，鱼跃⑨于渊。"言其上下察⑩也。君子之道，造端乎夫妇；及其至也，察乎天地。

【注】

①费：广大而周详，即无处不在。隐：精微而无形，即无影无形。②夫妇：匹夫匹妇，普通夫妇。③与：参与。知：求知、探索。焉：代词，指代君子之道。④至：至极，最高境界。⑤犹：还。憾：遗憾。⑥载：承载。⑦破：剖开。⑧鸢：老鹰。戾：至，到达。⑨跃：游跃。⑩察：昭著、明显。

【译】

君子之道（即中庸之道），无处不在而无影无形。匹夫匹妇之平凡，也可以参与探索，可是到了至高境界，圣人也有不能完全了解的地方。即使是普通男女，也可以力行君子之道，可是到了至高境界，圣人也有实行不够的地方。天地之大啊，人类难免还因认知局限而留下遗憾。因此，君子说的大，天地都无法承载；君子说的小，天下没人可以剖开。《诗经·大雅·旱麓》说："老鹰飞在高空，鱼游跃于深渊。"这句诗比喻中庸之道无处不鲜明体现，高在天空，低在深渊。中庸之道，开始于普通男女；达到最高境界，便昭著于天地之间。

【读】

很多学者在这一节，离开中庸之道而大谈"道"，这太泛了。《中庸》全篇都是围绕"中庸之道"探讨的。轮扁是齐国制造和维修车轮的著名工匠，其工匠水平到了"运用之妙，存乎一心"的境界，这种艺术境界可意会而不可言传。有一天晚上，轮扁在朝堂之下维修车轮，齐桓公在朝堂上读书。轮扁问齐桓公挑灯夜读什么书，齐桓公回答圣贤之书。轮扁却淡淡地说，那只是圣贤留下的糟粕，不值得读。齐桓公不高兴，要轮扁说出所以然来，否则，就治以欺君之罪。轮扁不慌不忙地回答："老奴修车轮可谓齐国第一，但是修车的技术都在心中，也都在手感中，是无法用语言文字表达出来的；由此可知，能用文字表达出来的，不是最高境界的技艺，不能用文字表达的那一部分才是精华。因此，老奴愚见，君王您挑灯夜读的只是古人留下的糟粕，真正至高的妙道，古人根本没法写出来，全带进棺材了。"齐桓公顿时语塞，无言以对。轮扁讲的修车轮的技艺不就是一种具体而微的道吗？可是文字却无法表达出来。轮扁之道就是庖丁解牛之道，这倒是可以言说，但是言说出来的绝对不是道的全部，更不是道的精华。为其于此，老子才有"道可道，非常道"的感慨，中庸之道可以言说，但说出来的往往就不准确，更不是那永恒的道，那永恒的道周流遍布，如影随形，却又无嗅、无色、无味、无形。中庸之道，只在心中。

中庸之道既简单又复杂，既浅近又深奥，既无处不在又无影无形。所以，愚夫愚妇及不肖者，都可以探索中庸之道，也可以实行中庸之道；但是，如果上升到最高境界的中庸之道，即便是圣人也未必认识其本来面目，也未必能够实行得没有遗憾。在春秋战国时期，人们写说理文章，往往觉得不够形象，需要引用《诗经》中的句子，形象地表达自己的意图。这一章引用《诗经·大雅·旱麓》的名句"鸢飞戾天，鱼跃于渊"来引导读者展开想象，中庸之道就是这样上可以到达于高天，下可以抵达于深渊，天地之大周流遍布，哪怕最小的时空也一样存在中庸之道。中庸之道，日用而不知，愚夫愚妇及不肖者，都能探索，都能实践，努力去做，念念不忘，必有回响，每个人都可达到圣境！当然，那只是一种可能性，即便是圣人也有认知缺陷，也有实践遗憾！

【15】 忠恕不违

子曰："道不远人。人之为道而远人，不可以为道。《诗》云：'伐柯①伐柯，其则不远②。'执柯以伐柯，睨③而视之，犹以为远。故君子以人治人④，改而⑤止。忠恕违⑥道不远，施诸己而不愿，亦勿施于人。君子之道四，丘未能一焉：所求乎子以事父⑦，未能也；所求乎臣以事君，未能也；所求乎弟以事兄，未能也；所求乎朋友先施之，未能也。庸德之行，庸言之谨⑧，有所不足，不敢不勉，有余不敢尽。言顾⑨行，行顾言。君子胡不慥慥⑩尔？"

【注】

①伐：砍伐。柯：斧柄。用作动词，做斧柄。②则：法则、规则。不远：就在眼前。③睨：斜着眼睛看。④以人治人：以其人之道还治其人之身。⑤改：改过、改正。而：才。⑥违：离。⑦以：凭。事父：侍奉父亲。⑧庸：平常、恒常。谨：谨慎。⑨顾：照顾、顾忌。⑩胡：何。慥慥（zào）：忠厚诚实的样子。

【译】

孔子说："中庸之道不会远离人。因为有人故弄玄虚而使道远离人，就不可以叫作正道了。《诗经·豳风·伐柯》中说：'砍伐树木做斧柄，规则就在斧和柄。'手握斧柄砍削木材做斧柄，当你斜着眼睛看，还是差得很远。因此，君子能够依据人伦的中庸之道管人，直到改正为止。忠恕，离中庸之道不远，不情愿施加给自己的东西，也不要施加给别人。君子行中庸之道有四项，我孔丘一项也没有做到：期望以儿子身份侍奉父亲，我没能做到；期望以臣下身份侍奉君主，我没能做到；期望以弟弟身份敬爱兄长，我没能做到；期望以朋友身份用诚信与朋友交往，我没能做到。恒常德性贵在实践，恒常话贵在谨慎，有力不从心，不敢不努力，就算做得很好，说话也要留余地。说话要照顾到行动，行动要照顾到说话。这样的君子怎么会不忠厚诚实呢？"

【读】

在伦理的世界里，人和中庸之道不应该分离，分离就不能算是正道。就像海德格尔哲学所阐述的，存在是心物不分的本体，人是特殊的存在者（此在），存在如果脱离了特殊存在者的心志呈现，就根本无法存在。这一章，强调的就是人和中庸之道不可分割的整体性、同一性。正如孔子所说，道不能远离人，道而远离人，就不是正道。正道就是人道合一。

孔子担心别人不理解。引用《诗经·豳风·伐柯》中"伐柯伐柯，其则不远"形象说明"道不远人"。君子必须以伦理视域的中庸之道去管人，直到改正为止。如同砍削树木做斧柄一样，一边砍削一边比较，不断思考并不断修正，最终能够做成一个适中、适合、适度、适宜，能够安装斧子的斧柄。这是伐柯之道，君子之中庸之道又何尝不是如此呢？中庸之道能够离开人吗？能够离开人的实践吗？能够离开修整吗？只要不是先天赋予，就需要后天修养、修整、修炼。这就是作为后天智慧"中庸之道"的突出特点。

在这一章，引用了孔子很长的一段话，专门论述中庸之道与人的关系。忠诚和宽容，离中庸之道已经不远了，为什么呢？因为在人伦世界里，"己所不欲，勿施于人"就是中庸之道。换位思考，不情愿发生在自己身上的事情，就不应该强加在别人身上。这是现实的中庸之道，存在于自己与他人之间，存在于每个力行者心中。孔子从伦理角度列举自己四项工作都没有做好：为人子止于孝，我没有做好，在父子情中遵中庸之道而行，可是我孔丘的人生却留有遗憾；倒不是没有努力，而是三岁时候慈父见背，没有条件做。为人臣止于敬，我孔丘想在君主仁爱尊重我的前提下有所作为，可是国君并不信任我，周游列国也得不到诸侯的信任和尊重，所以，我恪尽职守侍奉君主没有做好。为人兄弟止于悌，我想以弟弟的身份敬爱兄长，我没有做好，因为我的兄长也英年早逝。为朋友止于信，以诚信广交朋友，我没有做好。关乎伦理的这四项工作，孔子都说没有做好，有客观原因，有谦虚成分，也有中庸之道难以完美实现的原因。

谈论了人际伦理的中庸之道后，孔子回到个体，回到内心，思考了言行的关系。言行一样必须符合中庸之道，最恒常的道德必须付诸实践，再平庸的言说也必须谨慎。行动有力不从心的时候，但一定尽力而为，不可以言过其行，言过其实，那是违背中庸之道的。言说要顾及行动是否做得到，行动要照应自己的言说，言行一致，不违中庸之道。也只有言行一致，才契合中庸之道，君子才能以忠厚诚实的品行立于人世！

【16】 平淡是真

君子素①其位而行，不愿乎②其外。素富贵，行③乎富贵；素贫贱，行乎贫贱；素夷狄，行乎夷狄④；素患难⑤，行乎患难。君子无入而不自得⑥焉。

【注】

①素：平素，现在的意思，这里作动词用。②愿：期待、奢望。乎：以、用。③行：做。④夷：古时指东方部族。狄：古时指北方部族。⑤患难：患难的境遇。⑥入：进到、处于。自得：怡然自得，悠然自适。

【译】

君子安于现在的位置而行中庸之道，不轻易奢望超越位置的名利。处于富贵，就以富贵地位行中庸之道；处于贫贱，就按照贫贱地位行中庸之道；处于夷狄地区，就在夷狄行中庸之道；处于忧患，就在忧患中行中庸之道。君子无论处于何种境遇，没有不悠然自得行中庸之道的。

【读】

这一节讲君子如何行中庸之道。中庸之道，就在生活中，此时此刻，那时那地，都能行中庸之道。身处任何处境，都要行中庸之道，而不是奢望异常的名利。做公职人员，就要考虑如何恪尽职守，如何全心全意为人民服务。做教师，需要兢兢业业，甘于平淡，乐于奉献。做生意，就要考虑产品质量、市场需求、销售策略等，在产品质量与数量、市场供给与需求、员工和高管、企业与民众之间行中庸之道，这样的企业才具有竞争力、生存力、凝聚力。

不同处境都能行中庸之道。人若是处于富贵，则富而不骄，为富而仁；处于贫贱而不谄媚，观照内心，强大内心，只争朝夕，在贫贱中行中庸之道，命运总是会出现转机的；处于夷狄，需要有一颗安适之心，先入乡随俗，再化民成俗，如韩愈被贬潮州，并没有完全入乡随俗，而是大兴教化，化民成俗，居然把潮州地区建设成为中原之外的儒家文化重镇；处于忧患，就应该明白忧患是人生的逆境，也是人生的财富，逆境磨炼人，逆境成就人，不放弃中庸之道，恪守中庸之道，依然会走出忧患，走向成功。总之，君子无论何时何地何种境遇，都能体悟、实践、坚持、恪守中庸之道。

【17】 反求诸身

在上位，不陵①下；在下位，不援②上。正己而不求③于人，则无怨。上不怨天，下不尤④人。故君子居易以俟命⑤，小人行险以徼幸⑥。子曰："射⑦有似乎君子，失诸正鹄⑧，反求诸其身。"

【注】

①陵：欺凌。②援：攀附、巴结。③正：端正。求：渴求。④尤：抱怨。⑤居：居于、处于。易：平安，平安之地。俟：等待。命：天命，天赋使命。⑥徼（jiǎo）幸：即侥幸。⑦射：射箭。⑧诸：之于。正鹄（hú）：箭靶的中心。

【译】

处于上位，不欺凌属下；处于下位，不巴结上司。端正自己却不渴求别人，这样就不会招致抱怨。上不怨天，下不怨人。因此，君子处于平安之地而等待天赋使命，小人则冒险以图侥幸成功。孔子说："君子立身处世就像射箭，射不中靶心，应该反过来从自身寻找原因。"

【读】

身处不同的位置都能行中庸之道。处于上位而不欺凌属下，时至今日，做到了很不容易；处于下位不巴结上位，时至今日，做好了不容易，殊不知要保持人格独立和尊严，是多么艰难啊。于我个人而言，我差不多做到了，但是也付出了不小的代价。即便如此，我还是选择中庸之道，活出自己的尊严，活出生命的精彩。

端正自己却不渴求别人，让人如沐春风，让人心旷神怡，让人倍感振奋，时至今日，能做到如此，岂止是不会招致怨恨，更是具有强大的凝聚力、聚合力、感召力。三十岁以后，我带团队，就能做到这一点。当班主任，要求学生做到的自己要做得更好；当校长，要求老师做到的自己要做得更好；当局长，要求属下做到的自己要做得更好。居上不陵下，善待校长，善待老师，善待学生，善待家长，如此，才契合中庸之道，才能焕发出最强大的教育力量！

不怨天尤人，静待天命，反求诸己，这些都是行中庸之道的具体策略。人为什么不能怨天？因为天道无言，对谁都公平公正。人为什么不能怨人？因为自己才是生命的主角。人为什么要居处简易而静待天命？因为不宜妄动盲动，必须谋定而后动，也就是静待天命而动。当然这里的"静待"不是等着天上掉馅饼，而是磨炼淬炼，是修养提升，是只争朝夕，是与时俱进！为什么必须反求诸己？因为内因是变化的条件，外因是变化的根据。冒险的人生或许偶尔侥幸成功，但是，若恪守中庸之道成为常态，往往能使自己立于不败之地！

【18】 道在家中

君子之道，辟如行远必自迩①，辟如登高必自卑②。《诗》曰："妻子好合，如鼓瑟③琴。兄弟既翕④，和乐且耽⑤。宜尔室家，乐尔妻帑⑥。"子曰："父母其顺⑦矣乎！"

【注】

①辟：通"譬"。迩：近。②卑：低位、低处。③瑟：一种打击乐器。④翕（xī）：相聚、团聚。⑤耽：《诗经》写作"湛"，尽情快乐，尽兴。⑥帑（nú）：通"孥"，儿女。⑦顺：顺心顺意。

【译】

君子实践中庸之道，好比行远必从近开始，好比登高必从低处开始。《诗经·小雅·鹿鸣之什·常棣》中说："夫妻和谐，鼓瑟弹琴。兄弟团聚，和乐尽兴。安顿家庭，妻儿高兴。"孔子说："这样，父母也就顺心顺意了啊！"

【读】

实践中庸之道从家庭开始。"千里之行，始于足下。"中庸之道属于至道，但并非与生俱来，需要人们后天认同，后天实践，后天知行合一。这个过程就好比行远必然从近开始，登高必须从低处开始。上述只是作者的铺垫，接着引用《诗经·小雅·鹿鸣之什·常棣》的诗句："妻子好合，如鼓瑟琴。兄弟既翕，和乐且耽。宜尔室家，乐尔妻帑。"以此说明，在伦理世界里行中庸之道，是从"家和"开始的，夫妻其乐融融，犹如鼓瑟弹琴；兄弟团结凝聚，开心尽兴；家庭和睦幸福，妻子儿女高兴。如此，父母顺心顺意欢心。中庸之道在哪里，就在家中，就在于家和！

第四章 中庸之道・平治

【19】 神道中庸

子曰："鬼神①之为德，其盛②矣乎！视之而弗③见，听之而弗闻，体物而不可遗④。使天下之人齐明盛服⑤，以承⑥祭祀。洋洋⑦乎如在其上，如在其左右。《诗》曰：'神之格思⑧，不可度⑨思，矧可射⑩思？'夫微之显，诚之不可掩⑪，如此夫！"

【注】

①鬼：普通人死后的灵魂。神：德才高尚的人死后，往往有遗爱在人间，他们的灵魂被人们奉为神灵。②其：代词，指代鬼神。盛：广大无边。③之：指代鬼神之德行。弗：不。④体：体现。物：万物。而：却。遗：遗漏。⑤齐 (zhāi)：通"斋"。明：洁净。盛服：盛装，一如现在穿正装以表示尊敬隆重。⑥以：来。承：举行。⑦洋洋：洋溢状，流动充满的样子。⑧格：到来。思：语气词，无实义；以下的"思"与此用法相同。⑨度：测度。⑩矧 (shěn)：如何、怎么。射 (yì)：厌倦。⑪诚：真诚。掩：掩饰、掩盖。

【译】

孔子说："鬼神的德行，广大无边啊！看不到，听不到，却体现在万物而无遗漏。因为鬼神这些德行使天下人斋戒盛装，来举行祭祀。到处流动充满着鬼神的灵气，好像在头顶之上，又好像就在身边。《诗经·大雅·荡之什·抑》中说：'神明到来啊，不可以测度，怎么可以厌倦懈怠呢？'从隐微到明显，内心真诚没有必要掩饰啊！"

【读】

这一节集中讲中庸之道的广大无边。中庸之道需要人们去感知认知。如何形容广大无边？如何形容无处不在？如何形容如影随形？如何形容无影无踪？子思选择借用孔子的话形象描述。看不到，听不到，却体现在万物之中，用心体悟，就能觉察，就能觉悟，就能被认知认同，就能付诸实践，就能成为无须提醒的行为自觉。也正因为鬼神之德这些特点，人们才如此虔诚，如此恭敬地穿着庄重的服装祭祀鬼神，祭祀的时候仿佛鬼神就在头顶上或在身边。——借用这句话，只不过是借鬼神的行为方式的无形无影却无处不在的特性，启发人们思考中庸之道的存在也如鬼神的行为方式。作者唯恐孔子的话证据不足，继续借助《诗经·大雅·荡之什·抑》的诗句："神之格恩，不可度思，矧可射思？"用这几句诗歌提醒读者，要以敬鬼神的虔诚和敬畏心态，真诚地对待中庸之道！同时，虔诚地敬鬼神，才能体会到天心与我心、神性与人性之间也存在中庸之道，也需要恪守中庸之道。敬的是鬼神，教化的是人！

【20】大德受命

子曰："舜^①其大孝也与！德为圣人，尊为天子，富有四海之内，宗庙飨^②之，子孙保之。故大德必得其位，必得其禄，必得其名，必得其寿。故天之生物，必因其材而笃^③焉。故栽者培^④之，倾者覆^⑤之。《诗》曰：'嘉乐君子^⑥，宪宪令德^⑦。宜民宜人^⑧，受禄于^⑨天。保佑命之^⑩，自天申^⑪之。'故大德者必受命^⑫。"

【注】

①舜：传说中父系氏族社会后期部落联盟领袖，以仁孝著称。②飨（xiǎng）：奉献祭品，供奉祭祀。③笃：深厚。引申为厚待、增加。④栽：栽种。培：培养、培育。⑤倾：倾斜、倾倒。覆：覆亡、倾覆。⑥嘉：诗经作"假"，美善。君子，此诗指周成王。⑦宪宪：光明显赫的情状。令德：美德。⑧宜：安抚，使之宜。民：黎民、百姓。人：人才。⑨于：从。⑩佑：护佑、辅助。命：命令。之：指周成王。⑪自：从。申：申明、告诫。⑫命：天命。这几句诗歌出自《诗经·大雅·生民之什·假乐》。

【译】

孔子说:"舜真是大孝之人啊!德行称得上圣人,高贵为天子,富有四海的财富,在宗庙供奉祭祀,子孙祭祀不断。因此,有大德的人才能得到地位,才能得到俸禄,才能得到名望,才能得到高寿。所以上天造物,必因其材质而加持。所以值得栽种就培育,倾斜的就让它覆灭。《诗经·大雅·生民之什·假乐》中说:'高尚优雅的君子,他有光明的美德。百姓贤能都认同,成王受命于苍天。上天保佑他,上天告诫他。'所以大德之人必然接受天命。"

【读】

德与位匹配得适中、适合、适度、适宜就是"中";与周围的人、物等共存共荣就是"和";"中和"体现在道德与位置的关系上就是中庸之道。舜是孔子笔下理想人格的代表。在伦理上舜是至孝,在道德上是圣人,在地位上尊为天子,在财富上拥有四海之内,即便离开了这个世界,也永远配享子孙的祭祀。孔子由此得出结论,大德的人才能得到位置,才能享有俸禄,才能得到名望,才能高寿。

事实果真如此吗?八九不离十。中国远古神话中,传说的原始部落首领,三皇五帝,多以德服人,以能服人,很少以力服人。舜帝是因为至孝,被尧帝看上,欣赏其德、其能,而非其力。孔子由此得出结论,人的道德与地位、俸禄、名望、哀荣等必须匹配。如果不匹配呢?纵观古今中外数千年来,道德与地位、俸禄、名望等不匹配的基本不得善终,即便碰巧能善终,却不能得到死后的哀荣和后人的纪念。夏桀如此,商纣王如此,周幽王如此,圣经中的犹大如此,秦王朝的赵高如此,唐王朝的杨国忠如此,明王朝的魏忠贤如此,大清朝的李莲英如此,等等,哪里会有例外!现代社会中德不配位者有好的结果吗?没有。我数十年人生的经历,已经有足够的证据，证明那些妒贤嫉能者、贪得无厌者、谋财害命者、喜新厌旧者、作恶多端者，不是已经在牢房，就是在去牢房的路上。孔子进而总结，道德高尚者必得上天的眷顾，上天会眷顾那些仁德者，会眷顾那些利他者，会眷顾那些真正为民谋福祉者，自然会在他们成长的道路上给予帮助和扶持。接着，孔子以《诗经·大雅·生民之什·假乐》，赞美周成王道德光明，百姓和贤能都认同，上天眷顾、保佑也告诫他。成王受命于苍天。上天保佑他，上天告诫他。最后一句是本章的结论：大德之人，才能接受天赋使命。

人的死亡分三步。第一步是身体死亡，油尽灯枯；第二步是道德死亡，世界上最后一个念你的人也走了，这个世界没有人再记得你，没有人再牵挂你，甚至没有人再恨你；第三步是精神死亡，你的思想、你的著作也从这个世界上消失了。虽然身体是基础，但道德是关键，精神是生命永恒的决定因素。由此可知，人生修养道德何等重要，没有道德基本上也不会有精神。如果教育都迷失了道德，迷失了伦理，迷失了态度，迷失了价值观，迷失了世界观，那还是教育吗？

【21】 王道中庸

子曰："无忧者，其惟文王①乎！以王季②为父，以武王③为子；父作④之，子述⑤之。武王缵⑥大王、王季、文王之绪⑦，壹戎衣而⑧有天下。身不失天下之显名⑨，尊为天子，富有四海之内，宗庙飨之，子孙保之。武王末⑩受命，周公成文武之德，追王⑪大王、王季，上祀先公以天子之礼。斯⑫礼也，达乎诸侯大夫及⑬士庶人。父为大夫，子为士，葬以大夫，祭以士；父为士，子为大夫，葬以士，祭以大夫。期⑭之丧，达乎大夫。三年之丧，达乎天子。父母之丧，无贵贱一⑮也。"

【注】

①文王：姓姬，名昌，以仁爱和修文德著称，晚年号文王。②王季：古公亶父的儿子季历。③武王：姓姬，名发；文王姬昌与太姒的嫡次子。④作：开创。⑤述：继承。⑥缵（zuǎn）：继承。⑦绪：事业。⑧壹：一

旦、一经。戎衣：甲胄，名词作动词用，穿上甲胄。而：就。⑨显名：美名，仅次于"令名"的好名声。⑩末：老年。⑪追王（wàng）：追加太王、王季的王号。王，动词。封王号。⑫斯：这，这种。⑬达：通行。及：以及。⑭期（jī）：一年。⑮一：一样、同一。

【译】

孔子说："面对困境无忧无惧者，恐怕只有文王吧！王季是他的父亲，武王是他的儿子；父亲为他开创基业，又有儿子继承他的遗愿。武王继承了太王、王季、文王的功业，一旦穿上战袍就取得天下。自身不失在天下的显赫名声，位尊为天子，富有四海内的财富，享受宗庙祭祀，子子孙孙永无断续。武王晚年接受天命，周公继续完成文王、武王的帝业，追尊太王、王季为王，用天子礼制祭祀太王以前的先祖。这种礼仪，一直通行于诸侯、大夫以及士和庶民。父亲是大夫，儿子是士，则用大夫的身份来安葬父亲，用士的身份来祭祀父亲；父亲是士，儿子是大夫，则用士的身份来安葬父亲，用大夫的身份来祭祀父亲。一周年的守丧期，可通行到大夫。三年的守丧期，可通行到天子。为父母服丧，天下一样而无贵贱之别。"

【读】

为什么孔子言必称文王、武王，因为在孔子的时代，典籍文化除了《诗经》外，其余的文字并没有对平民百姓的记载，也很少有对乡野遗贤的记载，是因为文化传播条件的限制。在竹简上刻字，是统治者的权力，所以，早期的文字记载，基本上是帝王家的事情。孔子要讲中庸之道，举例也只能是远古的尧、舜、禹、汤和近代的文王、武王、周公姬旦。上一节讲了舜的例子，这一节接着讲周文王、周武王、周公姬旦。

文王为何在困境中无忧无惧呢？不仅是因为有王季这位杰出的父亲和

武王这位优秀的儿子，还有父亲开创的伟大基业，有自己历经苦难的修行，实现政权平稳过渡，交给优秀的儿子。——这是文王守业的中庸之道。

武王继承祖业，积极筹划伐纣大业。但是，几乎所有的龟甲、蓍草的预测都认为武王伐纣不利，更有殷商的贤者伯夷、叔齐的阻拦，武王却选择顺民意继续伐纣，结果碰到商纣王的奴隶阵前倒戈。武王在所谓"天意"和"民意"中选择了适中的道路，穿上战袍，天下传檄而定，原因就在于天意即民意，民意即天意。——这是武王开创霸业的中庸之道。

武王伐纣成功，名声显赫，尊为天子，富有四海，配享宗庙。武王想到的是追封太王和王季，以天子之礼祭祀先祖。而周公在天下安定之后，制礼作乐，把盛行于帝王家的礼乐延伸到士大夫及庶人之中。——这是周公姬旦慎终追远、安抚百姓的中庸之道。

政治偏离中庸之道，国家民族不仅不会兴盛，还会快速走向灭亡！大秦帝国，是秦王嬴政于公元前221年建立的中国历史上第一个大一统王朝，秦始皇误判形势，依然不行仁政，依然主张使用严刑峻法，依然实施暴政，结果二世十五年而亡！第三帝国（1933—1945年），即纳粹德国，剑走偏锋，执意扩张，疯狂之时，横扫欧洲，但是不行仁政，不能善待人民，结果一世十二年而亡。法兰西第一帝国（1804—1815年），是以民主共和开场却以君主专制结束的强大帝国。由著名军事家、政治家拿破仑建立，其巅峰时期，控制着欧洲大部分区域；因为其对侵略国的统治背离了他们喊得最凶的"自由、平等、博爱"口号，不行仁政，不行王道，单纯依靠武力征服其他民族，违背了中庸之道而走向失败。墨西哥第一帝国（1821—1823年），是中美洲地区在结束西班牙殖民之后建立的第一个独立国家，也是唯一在前西班牙殖民地上建立的君主制国家，因为不施仁政，不行王道，不能善待人民，其统治一世二年而亡。

政治如果不能在国家与人民、政党与军队、民族与人民、富人与贫民、统治与被统治、国内与国外等关系中恪守中庸之道，政权的倾覆是必然的。

【22】礼乐教化

子曰："武王、周公，其达①孝矣乎！夫孝者，善继人之志②，善述③人之事者也。春秋④，修其祖庙⑤，陈其宗器⑥，设其裳衣⑦，荐其时食⑧。宗庙之礼，所以序昭穆⑨也；序爵⑩，所以辨贵贱也；序事，所以辨贤⑪也；旅酬下为上⑫，所以逮贱⑬也；燕毛⑭，所以序齿⑮也。践其⑯位，行其礼，奏其乐，敬其所尊，爱其所亲，事死如事生，事亡如事存，孝之至也。郊社⑰之礼，所以事上帝⑱也。宗庙之礼，所以祀乎其先⑲也。明乎郊社之礼，禘尝之义⑳，治国其如示诸㉑掌乎！"

【注】

①达：通达。②继人之志：继承先人的志向。③述：继续。④春秋：一年四季的代称。这里指祭祀的季节。⑤祖庙：供奉祖宗神位的庙。⑥宗器：宗族祭祀用的祭器。⑦设：陈设、摆设。裳衣：衣服。裳：下衣，裙

的一种。衣：上装、上衣。⑧荐：进献，献祭。时食：符合时令的食物。⑨所以：以所的倒装。序：排列。昭穆：宗庙始祖的左右次序。始祖左为昭；始祖右为穆。⑩爵：爵位。⑪贤：贤能，德才兼备。⑫旅酬：酬旅、酬众，举杯向众人答谢。下为上：晚辈给长辈敬酒。⑬逮：泽及。贱：地位低贱者。⑭燕：通"宴"。毛：毛发的颜色。⑮齿：牙齿，古人根据牙齿多少判断幼长，年幼者牙齿多，年长者牙齿少。⑯践：登上。其：祖先。⑰郊：祭天。社：祭地。⑱事：祭祀。上帝：上天、天帝。⑲先：祖先、先辈。⑳禘（dì）：天子在宗庙中举行最隆重的祭祀活动。尝：每年秋天按照惯例举行的祭祀活动。义：宗旨。㉑其：语气词。示：展示、展现。诸：之于。

【译】

孔子说："武王姬发、周公姬旦可以说是天下人都称赞的大孝吧！孝，就是善于继承先祖的志向，善于继续先祖的事业。在春秋两季，修缮祖庙，陈列祖先的器物，摆设祖先留下来的衣服，进献应时的食品。宗庙祭祀的礼，为的是明确尊卑；排列爵位，为的是区分贵贱；排明执事人的等级，为的是辨别贤与不肖；晚辈给长辈敬酒，为的是让福祉泽及辈分低的人；宴会依照头发黑白排位置，为的是明确长幼。登上先王的祭位，举行先王传下的祭礼，演奏先王喜爱的音乐，尊敬先王所尊敬的，亲近先王所亲近的人，侍奉死者同他生时一样，尊奉亡者如同他在世一样，这是至孝啊。举行郊祭社祭，为的是侍奉天地神。举行宗庙祭，为的是侍奉祖先。懂得郊祭、社祭、禘祭和尝祭的大义，治国就像展现手掌上的东西一样容易了吧！"

【读】

武王与周公的孝，在于继承先辈的志向，在于继续先辈的事业，在于继往开来。这符合中庸之道。慎终追远，祭祀先王，在于记住他们的道，记住他们成功的经验。祭祀的过程，是感化家族的过程，是示范天下的过程。在春秋两季，修缮祖庙，陈列器物，摆设衣服，进献时令，明长幼，别贵贱，辨贤愚，泽晚辈，这就是教化，这就是对秩序的尊重和遵守。郊祭祭天，社祭祭地，祭祀的是天地，表达的是敬意！禘祭，祈求的是家族的福祚，祈求的是家族的繁荣，祈求的是国家太平，祈求的是国家繁荣昌盛！尝祭祈求的是收成，祈求的是人民的福祉，祈求的是人民的安康！

为什么祭祀？第一是为了敬上天。对上天保持敬畏，对天道保持敬畏，这有利于约束最高当权者的权力欲望！有利于提醒最高当权者力行中庸之道！第二是为了敬大地。大地厚德载物，大地承载着民生福祉，对大地的敬意，又何尝不是对人民的敬意呢？第三是为了敬祖先。敬祖先的目的何在？在于不忘初心，在于传承传统，在于开创新局！第四是为了敬谷神。举行尝祭，祭祀谷神之类，目的在于祈求丰收，祈求福泽。这种敬畏，正是在天与人、地与人、祖与人、神与人之间，体悟和坚守中庸之道，说的是祭祀，守的是中庸！

【23】 为政之道

　　哀公问政①。子曰："文武之政②，布在方策③；其人存，则其政举④；其人亡，则其政息。人道敏⑤政，地道敏树⑥。夫政也者，蒲卢⑦也。故为政在人，取人以身⑧，修身以道⑨，修道以仁⑩。仁者，人也，亲亲⑪为大；义者，宜⑫也，尊贤为大。亲亲之杀⑬，尊贤之等⑭，礼所生也。"

【注】

　　①政：治理国家的行政措施。②政：政治、政绩。③布：流布、记载。方：版。策：竹简、木简。④举：畅通、兴旺。⑤道：符合中庸之道。敏：有利于。⑥树：作动词用，树立，引申为生长。⑦蒲卢：蒲草和芦苇。比喻像蒲草和芦苇一样充满生机，有基本水分和空间就会发荣滋长。蒲：蒲草。卢：同"芦"，芦苇。⑧取人以身：获取贤能靠的是君王的修身敬德。⑨道：中庸之道。⑩仁：仁爱。⑪亲亲：指学会与认识的人相处，包括亲族而不限于亲族。⑫宜：相宜。⑬杀：等差，引申为善待不同性格的人。⑭等：差异，意思是尊重人才的差异性，总体尊重，量才而用。

【译】

鲁哀公向孔子请教政事。孔子说:"文王、武王的治国之道,记载在木版或竹简上。贤能在世,政令畅通;贤能离世,政令不通。人如果贤能则有利于政治清明,地如果肥沃则有利于万物生长。政治啊,好比蒲草和芦苇的自由生长。所以治理国家取决于人,获得贤能取决于君王修身的境界,修身的基础在于中庸之道,中庸之道的基础在于仁。仁,就是爱人,学会与你认识的人相处就是最大的仁;义,就是相宜,尊重贤能就是最大的义。善于与不同人打交道,能够尊重不同风格的贤能,这是礼的要求。"

【读】

人是社会动物,人是政治动物,没有什么人能够游离于政治之外。积极入世,企图参与政治;消极避世,企图避开政治;潇洒出世,企图远离政治。但数千年的人类历史告诉今天的人们,这些都是企图,作为社会和政治动物,人不可能完全避开、远离政治。避世和出世,也是一种政治态度,不能说这种态度与政治无关。儒家的核心价值在于"仁"。对于国家来讲,儒家倡导仁政,倡导王道。当鲁哀公向孔子请教政事的时候,孔子高论,时至今日,这论述依然值得借鉴。

第一,贤人政治本身没有错。不能简单把贤人政治与法治对立起来。孔子谈政治,首推文王、武王,文王以西北偏狭之地,聚合生民,凝聚人心,天下归心。这是仁政的效果。文王有一次视察,看到一具尸体,就问随从,为何这具尸体没有人掩埋,随从打听,原来死者无亲无戚无友,就前来禀告:"这是一具无主尸体!"文王感叹说:"怎么能说是无主尸体呢我就是这具尸体的主人。"善待天下人如父母,这样的政治难道不值得提倡吗?孔子提倡的最佳政治,恰恰是尧舜禹及以前的政治,恰恰是民主政治。周代政治结构已经类似于近代的邦联结构,而文化专制是从秦始皇开始的。孔孟提倡的贤人政治，时至今日，并没有什么值得指责的。上位者贤能不好吗？难道上位者平庸好？显然说不通。

第二，最好的政治是解放生产力。越王勾践战败之后，"十年生聚，十年教训"，就是解放生产力和发展生产力。按照孔子的观点，真正的贤能者处于上位有利于政治清明，就像土地有利于万物生长一样。为什么？因为贤能者处于上位，深谙中庸之道，实行仁政，善待人民，解放生产力。在真正的贤人政治之下，人民群众就像蒲草芦苇，人口就像蒲草芦苇一样增长，经济就像蒲草芦苇一样自由发展。

第三，仁政的价值在于社会的和谐。"和"是"中和"的"和"，是建立在"仁"的基础之上的"和"。因为有仁心，才有仁政，才有对不同利益集团的尊重和保护，而不仅仅是保护既得利益者。在君臣之间，在国民之间，在贫富之间，寻找"中和"之策，这正是"仁者爱人"的必然选择，也是礼的必然要求，更是中庸之道的政治智慧！

【24】达道达德

在下位不获①乎上，民不可得②而治矣。故君子不可以不修身。思修身，不可以不事亲；思事亲，不可以不知人；思知人，不可以不知天。天下之达道五，所以行之者三。曰君臣也，父子也，夫妇也，昆弟也，朋友之交也。五者，天下之达③道也。智、仁、勇三者，天下之达德也，所以行之者一④也。或生而知也，或学而知之，或困而知之，及其知之，一也。或安而行之，或利而行之，或勉强而行之，及其成功，一也。子曰："好学近乎知，力行近乎仁，知耻近乎勇。"知斯三者，则知所以修身；知所以修身，则知所以治⑤人；知所以治人，则知所以治⑥天下国家矣。

【注】

①获：获得信任。②得：能。③达：通达，高境界。④一：一样。
⑤治：管理。⑥治：社会安定，使安定。

【译】

百姓不被上位者信任，就不能管理好。所以君子不可不修身。要修身，不可不与亲近之人相处；要与亲近之人相处，不可不了解人；要了解人，不可不了解天道。天下有五类恒常伦理，实行五种伦理的德性有三种。五伦为君臣、父子、夫妻、兄弟、朋友。这五者，是天下通行的大道。智、仁、勇这三者，是天下通行的德性，因此这三种德性实践贵在一个中庸。有的人似乎天生知道中庸之道，有的人是通过学习而知道中庸之道，有的人是经过困境磨炼才知道中庸之道，等到他们明白了道理，其实都是一个中庸之道。有的人安然自觉实行中庸之道，有的人经过因势利导而实行中庸之道，有的人很努力去实行中庸之道，等到他们成功了，结果都一样。孔子说："好学就接近智，努力实行就接近仁，知道羞耻就接近勇。"知道这三点，就知道该如何修身；知道如何修身，就知道如何管理百姓；知道如何管理百姓，就知道怎样使天下国家太平。

【读】

这一节有几个关键点：第一个关键点在如何理解"在下位不获乎上，民不可得而治矣"。两千多年来人们都理解为："下属获得上级的信任，然后才能治理好民众。"这是专制思维模式，只想获得天子的授权，或者上级的授权，然后作威作福，控制百姓，荒唐至极。正确的理解为："民众被上位者信任，才可能管理好。"果真如此？当然。统治者把人民当作奴才，可以治理好国家吗？统治者把人民当作刁民，可以治理好国家吗？统治者把人民当作专政对象，可以治理好国家吗？统治者把人民当作"治理"对象，可以治理好国家吗？显然，这些给人民的定位都不可能治理好国家！就算是短时期稳定，那也不过是昙花一现！

唯一能够"治理"好天下国家的智慧，就是把人民当作国家的主人，且必须落实人民的主体地位。孔子说："民可，使由之；不可，使知之。"意思是民众过得很好，就顺其自然；过得不好，就实施教化以增长其智慧。言下之意，民众才是社会发展的主人，社会生产力不是"管"出来的，而是解放生产力释放出来的。相信人民，人民才是历史的创造者。儒学，在汉代被统治阶级用作意识形态，所有的味道都变了。没听说哪个盛世是靠治理实现的，而靠的是尊重人性，解放个性，释放活力。中国古代三个盛世，第一个是周代文明。礼乐教化，创造了西周文明；这个文明不是"治"出来的。第二个是汉代文明。文景之治，一方面行黄老之术，另一方面行儒家教化，休养生息而民自化，为汉武帝登场创造了雄厚的经济基础；汉代文明也不是"治"出来的，等到董仲舒等人"治"百姓，天下盛极而衰，再也没有回头的机会。第三个是唐代文明。盛唐气象的背后是儒、道、释三家并行和多元文化的浸润，盛唐时候的长安城，是世界的文化艺术中心，也是世界最有影响力的政治中心，长安的政治、文化、经济中心的地位是开放出来的，是多元文化相融碰撞后绽放出来的——盛唐绝不是"治"出来的盛世，而是因为解放人性，解放生产力，释放了发展活力；唐代几乎所有的大诗人和大文人，都是著名的流动人口，没有他们的流动就不可能有他们的文学成就。

第二个关键点在如何理解"天下达道"和"天下达德"。天下达道是基于中庸之道的五种恒常的伦理：①君臣——为人君止于仁，为人臣止于敬；孔子说："君使臣以礼，臣事君以忠。"忠君有条件。②父子——为人父止于慈，为人子止于孝；父慈子孝也互为条件。③夫妇——为人夫妇止于爱；夫妇之间相互珍惜怜惜，打开《诗经·国风》，那么多的爱情诗篇，都是孔子的教材，对于夫妇之爱，男女之爱，孔子儒家思想与现代人没有什么区别。④昆弟——为人昆弟止于悌；既然是兄弟，当然要相互尊敬、相互尊重、相互爱惜。⑤朋友——为人朋友止于信，朋友交往最重要的是真诚守信，没有信誉当然不会有朋友。基于中庸之道的五种伦理及五种"达道"，靠什么实现呢？靠智、仁、勇三种"达德"去实现。有道德智慧，才能在多种极端之中有正确的价值判断。有仁心，才有人性，才能亲人，才能近天道。有道德胆识才有可能在各种"两端"中做出价值选择、道路选择、策略选择。

第三个关键点在中庸之道的实践和实现殊途同归。中庸之道属于最高智慧，最高的"道"。①不同的人理解"道"的时间先后不同，理解条件不同，理解过程不同，但理解的结果却是相同的。天赋较好，自然悟出中庸之道。②学习实践而后悟出中庸之道。③经历多种困厄、挫折的磨炼后，悟出中庸之道。一旦悟出了，认同了，坚持了，就能知行合一。结果都一样，都能够完成修身的任务，都能够有"己所不欲，勿施于人""己欲立而立人，己欲达而达人"的情怀，才能真正懂得管理人的智慧是调动每个人内在的自觉性、能动性、积极性、创造性。如此，才能创造民族国家复兴的奇迹！

【25】平治要诀

　　凡为天下国家有九经^①，曰：修身也，尊贤也，亲亲^②也，敬^③大臣也，体^④群臣也，子庶民^⑤也，来^⑥百工也，柔^⑦远人也，怀^⑧诸侯也。修身则道立^⑨，尊贤则不惑，亲亲则诸父昆弟不怨，敬大臣则不眩^⑩，体群臣则士之报礼重，子庶民则百姓劝，来百工则财用足，柔远人则四方归之，怀诸侯则天下畏之。齐明盛服^⑪，非礼不动，所以修身也。去谗远色，贱货而贵德，所以劝贤也。尊其位，重其禄，同其好恶，所以劝^⑫亲亲也。官盛任使^⑬，所以劝^⑭大臣也。忠信重禄，所以劝士也。时使薄敛^⑮，所以劝百姓也。日省月试^⑯，既廪称事^⑰，所以劝百工也。送往迎来，嘉善而矜不能^⑱，所以柔远人也。继绝世，举废国，治乱持危，朝聘以时^⑲，厚往而薄来，所以怀诸侯也。凡为天下国家有九经，所以行之者一^⑳也。

【注】

①经：准则、要义。②亲亲：前面一个"亲"，亲近，引申为"与……亲近"，相处；后面一个"亲"，指族人、熟人。③敬：尊重、尊敬。作为帝王，尊重大臣，这是传统专制意识形态所不敢提倡的，最高统治者提倡皇权的绝对权威。④体：体恤。⑤子庶民：像对待儿子一样对待庶民。子：以……为子。⑥来：可作"徕"，招徕、吸引、凝聚。⑦柔：怀柔，用柔婉的政策对待远行的人（流动人口，含天下各国之流动人员）。⑧怀：安抚。⑨立：成立、呈现。⑩眩（xuàn）：迷茫。⑪齐：通"斋"，斋戒。明：明衣，穿上干净的衣服。盛服：正装。⑫劝：劝勉。⑬官盛：官位高。盛：大，高。任使：任命僚属。⑭劝：激励。⑮时使：安排劳役而不误农时。薄敛：减轻赋敛。⑯省：查看、检查。试：考察。⑰既：不久、不时。廪（bǐng）：粮食。称（chèn）事：满意称心的事情，满意称心的效果。⑱嘉：奖励。而：且。矜：怜悯。不能：没有能力做事的人。⑲朝：诸侯朝见天子。聘：诸侯委托大夫向天子进献。以时：定期，指有规律。⑳一：这里"一"指的是"中庸"，而不是朱熹说的"诚"。

【译】

管理天下国家的要义有九条，分别是：修养自身，尊崇贤能，亲爱亲族，尊敬大臣，体恤群臣，爱民如子，吸引工匠，怀柔远人，安抚诸侯。修身能明道，尊贤不会迷惑，亲爱亲族，叔伯兄弟就不会抱怨，尊敬大臣，处事就不会糊涂，体恤群臣，士人回报以竭力，爱民如子，百姓忠心耿耿，招徕工匠，财政丰足，怀柔远客，天下人归心，安抚诸侯，他们心存敬畏。内心忠纯且穿着正装，不合礼的事不做，这是修养自身。不听谗言，远离美色，轻财尚贤，就是勉励贤人。尊重亲族的爵位，加厚他们的俸禄，爱其所好，厌其所恶，这就是劝勉亲族。官位高的，任命僚属以供调遣，这是激励大臣。恪尽职守和恪守信用者，给予优厚俸禄，这是勉励士人。使用民力不误农时，减轻赋税，这是勉励百姓。每天考察巡查，按绩效付给粮食，这是勉励百工。来的欢迎，走的欢送，嘉奖做得好的并救济有困难的，这是优待流动劳动力。让断绝香火的诸侯有继承人，让被灭掉的诸侯保存国脉，治理祸乱而又扶持危难，在规定时间接受觐见的诸侯和使节，馈赠丰厚，不计贡品菲薄，这是和睦诸侯。治理天下和国家的要义有九条，但实行起来都只有"中庸之道"。

【读】

这一章讲平治天下的要领。正确理解先秦儒家"平治"天下的理念和后世"治理"天下理念的本质区别，然后才能正确理解以中庸之道平天下的奥秘。平治天下的九条要领，今天过时了吗？没有。

第一条修养自身。上自帝王，下至庶民，没有不是以修身作为根本的。上位者修身，则"其身正，不令而行"；上梁不正，下梁歪，则"虽令不从"。古今中外，莫不如此。

第二条尊崇贤能。很多人习惯全盘否定贤人政治，美国没有华盛顿总统和林肯总统之贤能，能有今天的美国联邦民主宪政吗？即便是君主立宪的英国，王室对于自身修养的要求何其苛刻？日本皇室对自身修养的要求何其苛刻？中国的传统无论是对于君王还是大臣，都有尚贤的传统。没有张良、萧何之贤，不可能有大汉王朝的建立；没有汉文帝、汉景帝之贤，不可能有汉武帝的爆发力，不可能有"犯强汉者虽远必诛"的征服力。没有魏征、房玄龄、杜如晦等之贤，不可能有盛唐气象。

第三条亲爱亲族。亲爱亲族，只是开始。"老吾老以及人之老，幼吾幼以及人之幼"，爱自己家族老人者才能敬天下老人，爱自家兄弟者才有可能"四海之内皆兄弟也"，爱自己晚辈者才能善待天下年轻人。在封建格局之中，诸侯都是亲族，如果不能亲爱亲族，天下怎么能太平呢？

第四条尊敬大臣。这是孔子儒家的根本："君使臣以礼，臣事君以忠。"君王不尊重臣子，臣子凭什么要为君王恪尽职守——这也不符合君臣中庸之道。况且，尊敬大臣，才能听取不同的意见，才能时刻保持清醒警惕，才能避免出现"千里之堤，溃于蚁穴"的悲剧。

第五条体恤群臣。为人君止于仁，君王不够仁厚，像刘邦那样"兔死狗烹"杀功臣，像宋太祖赵匡胤"杯酒释兵权"，像朱元璋几乎杀害了所有功臣，这样的人怎么可能在历史上留下好的口碑呢？又怎么能够得到臣子的拥戴和百姓的爱戴呢？更何况，君王体恤群臣，可以换来"士为知己者死"的厚重回报。

第六条爱民如子。《康诰》曰："如保赤子。"这就是君王对百姓的态度，孔子儒家提倡以百姓之心为心，孟子认为民意就是天意。数千年的中国政治，有几朝几代做到了呢？做到了必然是盛世。周王朝如是，汉王朝如是，唐王朝如是。不能爱民如子，最终会被历史抛弃。非常可贵的是，那时候已经能够做到使用民力不误农时，减轻赋税，这是对百姓多么好的劝勉和鼓励啊！

第七条吸引工匠。中国历朝历代的发展，都是因为人口红利，大多数是因为能工巧匠。封建时代，朝中有工部主管能工巧匠和河湖治理工程等，对于能工巧匠的重视程度，超乎现代人的想象。难能可贵的是，两千多年前儒家就提出了每天巡视、定期考察、按绩效分配的原则，如此，能够充分调动每个能工巧匠的主动性和积极性。

第八条怀柔远人。来的欢迎，走的欢送，嘉奖做得好的并救济有困难的。封建时代对待外来务工人员的态度，依然值得今天的地方政府学习和借鉴。以礼待人，善待劳动力，就是解放和发展生产力。怀柔远人不仅仅是文化力量，也是凝聚力、竞争力、生产力。

第九条安抚诸侯。让断绝香火的诸侯有继承人，让被灭掉的诸侯保存国脉，治理祸乱而又扶持危难，在规定时间接受觐见的诸侯和使节，馈赠丰厚，不计贡品菲薄，安抚诸侯，使其和睦。东方农耕文明的仁厚与包容远胜于西方游牧文明，对于即将消亡的国家，是延续其祭祀的香火，而不是落井下石，斩尽杀绝。这种"和"的文化精神是需要传承的宝贵财富！

治理天下和国家的要领有九条，但实行起来都只有"中庸之道"。修己与安人、君王与贤能、君王与大臣、君王与群臣、君王与亲族、君王与百姓、君王与百工、君王与远人、君王与诸侯的关系，只有遵循"中庸之道"，才能达到最适合、最适度、最适宜、最和谐的状态！

第五章 中庸之道·至诚

【26】 谋定后动

凡事豫^①则立，不豫则废。言前定则不跲^②，事前定则不困，行前定则不疚^③，道前定则不穷。

【注】

①豫：通"预"，预谋，前瞻谋划。②跲（jiá）：窒碍，不流畅。③疚：内疚、后悔。

【译】

所有事情都是如此，前瞻谋划就会成功，事前不谋划就会失败。说前确定思路，就不会语塞，事前确定方案，就不会陷入困境，行为前有准备，就不会后悔，道路预先设定，就不会穷途末路。

【读】

中庸是方法论，就是做人做事的方法。所谓谋事，所谓行动，所谓行走，无非是事前事后、行前行后、道前道后的问题，而解决的关键在于前瞻谋划，谋定而后动。中国近代以来，很多事情的失败，都失败在缺乏前瞻谋划。推翻清政府，清廷实权派和革命党忙着抢夺权力，而没有人对共和体制做系统策划和科学规划，国民政府缺乏前瞻思考和系统规划，导致"九一八事变"后，手忙脚乱，不知所措。幸好有个蒋百里，以军事顾问的名义，对抗战有一个前瞻性的整体规划，否则抗战结局可能会更惨。摸着石头过河，那深水处没石头可摸怎么走？大海里没石头怎么走？所有在惊涛骇浪中的颠覆，都是缺乏前瞻思考和系统规划的必然结果。

为什么把这一节"谋定而后动"的主旨作为第五章"中庸之道·至诚"的第一节呢？这里有两个原因。其一，从宗教意义上讲，古人相信生命至诚，可以未卜先知；包括蓍草、龟甲、易经的占卜都讲究"至诚"才可以最大限度地实现对未来的准确判断。其二，在现实生活中，"至诚"也是放下一切私心杂念，返璞归真，还原一个真实的自我，面对一个真实的世界，面对一个真实的事件，只有在"至诚"的真我、真实中，才有可能对未来、对事物发展规律做出相对准确的判断。这一节没有一个"诚"字，却强调的是实现中庸之道的最重要的修为：真诚！

【27】 诚身有道

在下位不获乎上，民不可得而治矣。获乎上有道，不信乎朋友，不获乎上矣。信乎朋友有道，不顺乎亲，不信乎朋友矣。顺乎亲有道，反诸身不诚，不顺乎亲矣。诚身有道，不明乎善①，不诚乎身矣。

【注】

①明：自我觉悟。善：善的本性。

【译】

百姓不被上位者信任，就不能管理好。获得上位者的信任有办法，得不到朋友的信任，也就得不到上位者的信任。得到朋友的信任有办法，不孝顺父母，就得不到朋友的信任。孝顺父母有办法，反求自身真诚，不真诚就不能孝顺父母。自身真诚有办法，自我觉悟善就能让自身真诚。

【读】

赤子之心，贵在真诚。人在没有利益驱使的背景下，真诚就是天赋，真诚就是本心，真诚就是本性。后天的诱惑，后天的压迫，后天的扭曲，导致人们失去了真诚。做个真实真诚的人，在世俗中真的不容易！

"在下位不获乎上，民不可得而治矣。"两千多年来，这句话都被解释错了："下属获得上级的信任，然后才能治理好民众。"可悲，可悲。这句话背后正确的逻辑应该是这样的：上位者不信任下属，团队无法凝聚；上位者不信任百姓，百姓无法和谐。政治就像大地滋养芦苇一样，只要为政者不阻挡阳光，不隔绝水源，百姓就会像芦苇一样，铺天盖地地生长起来。封建专制者总是喜欢用"治民"的思路去治理国家，结果是国家很快就治反了，治衰了，治垮了。孔子儒家的"平治天下"是：百姓和平，社会和平，国家自然和平。所以，平治天下与治理天下有着截然不同的含义，平治是教化治天下，让"民自化"，每个人道德觉醒了，道德自觉了，都知道坚守忠、孝、仁、义、礼、智、信、和等核心价值，国家自然清明。平治天下的基础还在于伦理：朋友信任，才能被上位者信任；孝顺父母，才能被朋友信任；当领导人听到即将被选拔的人才，连父母都不能孝顺，他敢用这样的人才吗？反身而诚，才能孝顺父母；最终落实到诚实，落实到真实。处理好伦理问题，最重要的、最关键的是真诚和觉悟善的本性。人与人的伦理问题解决好了，天下自然平治了。

【28】 诚为天道

诚①者，天之道也；诚之者②，人之道也。诚者，不勉而中③，不思而得，从容中道，圣人也。诚之者，择善而固执④之者也。博⑤学之，审⑥问之，慎⑦思之，明⑧辨之，笃⑨行之。有弗学，学之弗能弗措⑩也。有弗问，问之弗知弗措也。有弗思，思之弗得弗措也。有弗辨，辨之弗明弗措也。有弗行，行之弗笃弗措也。人一能之，己百之；人十能之，己千之。果能此道矣，虽愚必明，虽柔必强。

【注】

①诚：天赋的真诚品质。②诚之者：后天习得的真诚品质。③勉：劝勉、努力。中：中庸，即达到中庸境界。④固执：坚守不渝。⑤博：多，广泛。⑥审：审察。⑦慎：严谨、严密。⑧明：明确、明晰。⑨笃：笃实。⑩弗：不能。措：放置、搁置、放弃。

【译】

诚，是上天赋予的本性；努力做到诚，是人们反身而诚的普遍做法。天赋的诚，无须提醒、不需努力就可以达到适中，不用思考而自然得到，从容而遵循中庸，这是圣人的境界啊。努力去做到诚，就是体悟到善而坚守不渝。广泛学习，详尽询问，周密思考，精准辨别，笃实践行。不学则已，学不掌握就不放弃。要么不探讨，探讨无结果就不放弃。要么不思考，思而不得其解就不放弃。要么不行动，行动就坚持到底不放弃。别人一次就行，我一百次；别人十次就行，我一千次。果真能够按照这样的方式去做事，虽然愚钝也必然逐渐聪明，虽然柔弱也必然逐渐坚强。

【读】

赤诚是天赋，但是过了赤子阶段，天赋赤诚也许就不见了，或者被冲洗，或者被遮蔽，或者被扭曲。能够自觉保持真诚，能够始终坚持真诚，能够终其一生，活在真实之中，这样的生命自然会特别有意义。这样的人在儒家看来已经是圣人。普罗大众，真诚的天性，从幼儿园开始，就逐步丧失，逐步被冲洗掉，逐步被扭曲，甚至把做假当作真实！这是非常可怕的事情！绝大多数人，要坚守真诚的品行，要修到至诚的人格，必须广泛学习、详尽询问、周密思考、精准辨别、笃实执行，如此才能达到中庸的境界。"中庸之道"要被体悟、被认知、被认同、被自觉、被坚持、被坚守，必须唤醒两个天赋本性：其一是仁爱，其二是真诚。没有仁爱之心，在自己与他人之间，在自己与社会之间，在自己与国家之间等，怎么可能有适中、适合、适度、适宜的取舍呢？没有真诚的品行，对人不能真诚，对事不能真实，对社会不能笃实，又怎么可能在处理复杂纷纭的世俗事务时有适中、适合、适度、适宜的选择呢？一个人假话连篇，鬼话连篇，他的内心仁爱吗？他的内心真诚吗？他可以选择各种各样适中、适合、适度、适宜的思想、思路、策略、政策吗？一事当前，他有可能恪守中庸之道吗？所以，对于普通人来说，经过学习不放弃，探讨不放弃，思考不放弃，行动不放弃，达到知行合一的境界，就完成了"诚"的本性回归或者"诚"的品性塑造。诚如是，愚钝者也变得聪明，柔弱者也变得刚强。

【29】活出本真

自诚明^①，谓之性^②。自明^③诚，谓之教^④。诚则明矣，明则诚矣。

【注】

①自：从、由。诚：真诚、赤诚。明：觉悟、自觉，包括中庸之道的自觉；这里的"明"是觉悟的结果，即明道。②性：天性、本性、天赋。③明：觉悟的过程。④教：教化。

【译】

由真诚而明道，叫作天性。由觉悟而真诚，叫作教化。真诚而明道，明道而真诚啊。

【读】

对于这一节，自朱熹以来所有的注家似乎都语焉不详。越说越模糊，越说越不清楚。简单讲，即活出生命的真实，真诚地为人处事。因为真诚，心无杂念，当然很容易明道。赤诚，本来就是天性，有一颗赤诚之心，回到赤子阶段，人无趋吉避凶之心，一切皆由本心本性而起。人生百年，戴着面具而活，见人说人话，见鬼说鬼话，怎么可能接近中庸之道呢？以仁道为例，不真诚无法接近仁道，若不能恢复到无欲无念的状态，仁心自然会被遮蔽。贾府的焦大不懂得花香，那是因为他的生活境况使然，如果解决了温饱问题，过着正常人的生活，怎么会感觉不到花香呢？

如果在正常的生命状态，也就是处于真实的生命状态，若不是在受压迫、受惊吓、受恐惧的状态下，见到小草遭践踏也心生怜悯，见到小花遭采摘也心生怜悯，见到小狗被虐待也心生怜悯，这种心生怜悯的过程就是"自诚明"，因为真实，因为真诚，因为真情，所以慈悲，所以怜悯，不需要唤醒，不需要提醒，自觉而达到仁道，不是"自诚明"又是什么呢？

"自明诚"又是什么？如前一章所言，"自明诚"就是广泛学习、详尽询问、周密思考、精准辨别、笃行践行的过程，通过博学、审问、慎思、明辨、笃行而达到仁道的知行合一的境界，这就是经由逐步参悟而接近仁道的过程。这不是"自明诚"又是什么呢？仁道如此，中庸之道也是如此。这一节讲"自诚明"和"自明诚"，目标都是"诚"，而"诚"却是中庸之道的前提和准备。"仁"和"诚"都是先天本心本性，是先验的哲学智慧；同时"仁"和"诚"又是"中庸之道"这种哲学智慧形成的前提和条件。没有"仁"，何来"中庸"？没有"诚"，何来"中庸"？不能活出生命的本真，人又如何能够体悟、接近、认同、实践、坚守中庸之道呢？

【30】 至诚尽性

唯天下至^①诚，为能尽其性^②；能尽其性，则能尽人之性；能尽人之性，则能尽物之性；能尽物之性，则可以赞天地之化育^③；可以赞天地之化育，则可以与天地参^④矣。

【注】

①唯：只有。至：最。②性：天赋、天性、本性。③赞：帮助。化育：润物无声似的养育。④参：通"叁"，指圣人和天地并列为三。

【译】

人在至诚状态，才能充分发挥自己的本性；充分发挥自己的本性，才能充分发挥众人的本性；充分发挥众人的本性，才能充分发挥万物的本性；充分发挥万物的本性，就能帮助天地润物无声地滋养万物；能帮助天地化育生命，就能与天地并列了。

【读】

怎样才是至诚？孔子面对礼乐崩坏的春秋局面，努力复兴礼乐，"明知不可为而为之"，虽九死而不悔；周游列国，穷奢极欲的国君们，认识不到仁道和王道的战略价值，根本不懂得仁义道德对于国家具有极其重要的价值，因而没有重用孔子。最终，孔子选择以教育作为政治，努力改变社会。孔子自认为天命在身，终其一生推广儒学，推广仁道，从政不行就从教，以至诚之心，努力完成自己的天赋使命，让儒学思想和价值体系植根于中国人的心中，植入中华文明的文化基因。两千多年来，其"自强不息"的精神融入了中国人的本性，其"天人合一"的伦理情怀，给宇宙以道德终极关怀的大智慧，不正是充分发挥众人本性之后，又充分发挥万物之本性吗？今天的生态文明，最需要的是孔子儒学延伸和发挥出的"民胞物与"的情怀和"天人合一"的伦理。所以，至诚者，最终与天地并列为三，一起润物无声地滋养万物。从这一章，可以体会到至诚的天道、仁道、中道等，都是人类精神文明甚至人类物质文明不可或缺的动力源泉。

【31】 致曲有诚

其次致曲①。曲能有诚②。诚则形③，形则著④，著则明⑤，明则动⑥，动则变⑦，变则化⑧。唯天下至诚为能化。

【注】

①致：致力。曲：某一领域，一隅为曲。②诚：真实、真诚。③形：显露。④著：显著。⑤明：觉醒、觉悟。⑥动：行动。⑦变：变更强调"动"的过程。⑧化：是"动"的结果。如果说"变"是量变，那么"化"是质变，就是化育万物。

【译】

比至诚者次一等的是致力于某一领域的研究者。致力研究也能让人进入内心真诚的状态。内心真诚就会表现出来，表现出来就能逐步显著，逐步显著就能让众人觉悟，众人觉悟就能行动，行动就能导致逐步变易，逐步变易也就能化育万物。唯有至诚者能够化育万物啊！

【读】

本节重点讲"自明诚"中"致曲"的修炼方式。经由某一方面的修炼而达到至诚的境界，然后体悟中庸之道，一样也能化育万物。周树人先生，笔名鲁迅，原本学医，目睹中国人的麻木后，悲愤不已，于是弃医从文，经过文学的修为修炼，最终成为中国现代最伟大的文学家。应该说周树人先生是典型的"其次致曲。曲能有诚。诚则形，形则著，著则明，明则动，动则变，变则化"的力行不堕的文豪。周树人先生的研究领域的转向，"择善而固执"的文学坚持，全心全意唤醒中国人的真诚，可见内在的真诚追求可以形于外，形于外且能出类拔萃，能够唤醒民众自我觉悟、觉醒，能够推动一个时代的变革与进步，最终达到化育万物的境界。周树人先生的文字，体现了其内心的真诚，其人格和文学散发出了化育万物的光芒！因为致曲而真诚的例子很多，陈寅恪因为致力于学术研究，在追求真理的过程中，在史学领域以"致曲"的方式，把自己修炼成为一个坚持真理的学者。在各种风暴面前，保持自己独立的人格、独立的学术主张以及高洁的学术操守！陈寅恪先生的学术学养，永远流传后世，也达到了化育万物的境界！他们这化育万物的境界不就是中和或者致中和的境界吗？不也契合中庸之道的哲学智慧吗？

【32】 至诚如神

至诚之道①，可以前知②；国家将兴，必有祯祥③；国家将亡，必有妖孽④。见乎著龟⑤，动乎四体⑥。祸福将至，善必先知之，不善必先知之。故至诚如神⑦。

【注】

①道：境界、道行。②前知：提前知道，预知。③祯：吉祥。祥：预兆。④妖：反常怪异的事物。孽：灾祸、罪祸。⑤见（xiàn）：通"现"。乎：在。著（shī）：著草，古人预测吉凶的一种载体。龟：龟甲，殷商时期占卜者通过用火烧龟甲查看纹路的方法，预测吉凶。与著草算卦同时使用。⑥四体：手足，引申为仪态。⑦神：神妙。

【译】

人能够进入至诚境界，就可以提前知道未来。国家将要兴旺，就会出现吉祥的预兆；国家将要灭亡，就会出现反常诸相。这些预兆和诸相，著草可以预测，龟甲可以占卜，或者在某些人的仪态中有所体现。祸福即将来临时，福必然先知道，祸也会事先知道。所以，至诚境界如神一样奇妙。

【读】

"天人合一"是孔子儒家著名的思想。在这种思想的熏陶下，贤者智者，往往以赤诚之心，达到天人合一的境界。然后，可以对未来社会发展走向做出预测。中国人耳熟能详的"心诚则灵"讲的就是人在至诚状态下产生的超自然的能力。这种能力是否存在，中国有文字记载的历史，从来多有肯定而没有否定。至于"国家将兴，必有祯祥；国家将亡，必有妖孽"，二十五史中有丰富的记载。如《战国策·唐雎不辱使命》："夫专诸之刺王僚也，彗星袭月；聂政之刺韩傀也，白虹贯日；要离之刺庆忌也，仓鹰击于殿上。此三子者，皆布衣之士也，怀怒未发，休祲降于天，与臣而将四矣。"类似的记载，遍布二十五史。虽然说，历史未必都可信，但毕竟这么多的记载，不可能全是杜撰。如果从科学的角度上讲，人在至诚境界，宁静致远，对时局和未来能够做出更加精准的预测，在外人看来，当然是料事如神。

【33】 诚之为贵

诚①者，自成②也；而道，自道③也。诚者，物之终始④，不诚无物⑤。是故君子诚之为贵。诚者，非自成己而已⑥也，所以成物也。成己，仁也；成物⑦，知⑧也。性之德⑨也，合外内之道也，故时措之宜⑩也。

【注】

①诚：真实无妄。②自成：自我完善。③自道：自我觉悟。④物之终始：贯穿于事物的终始，真实无妄就是从开头到结尾。⑤不诚无物：不能真实无妄则事物根本不存在。⑥成己：完善自我。已：止。⑦成物：完善事物。⑧知：通"智"，智慧。⑨性：本性、天性。德：特征、风格。⑩故：所以。时：每时每刻。措：实施、实行。宜：中，适中。

【译】

诚，自我完善；道，自我觉悟。诚，贯穿于事物发展全过程，离开诚事物就不存在了。所以，君子恪守诚最为可贵。诚，并不是自我完善就终止了，还需要完善万物。完善自我，就是仁；完善万物，就是智。符合天性的德行，内外都符合中道，所以任何时候实施都是适中的。

【读】

这一章非常难懂。必须准确理解什么是"诚",诚就是真诚,就是真实无妄,于人是一种仁厚的内心,于物是一种真实的存在。诚,为何是贯穿事物始终的全过程呢?有始无终,此物不存在;有终无始,此物也不存在。存在,就是真理的呈现过程,就是真实的呈现过程。当然,也就是事物的终始。君子恪守"诚"是什么意思?君子恪守"诚",意味着君子必须做人做事有始有终,善始善终。"诚",对于人来说就是自我完善的过程;对于物来说,就是物体被完善的过程。符合天道的德性,内心和外界都适合,所以,"诚之"于内心和外物都是适合的,都符合中庸之道。

大而言之,真诚是事物的根本规律,是有始有终的全过程,是事物的开端和结束;小而言之,真诚是人内心世界的完善过程,真诚就是仁,真诚就是智,真诚就是勇;合而言之,真诚就是内心修养和外物完善的完美融合,是物我一体,是主客一体,是天人合一。真诚既可以修养内心,可以完善内心,也可以外化而完善世间万物;于内心于外物都适中、适合、适度、适宜。这就是中庸之道。

【34】至诚无息

故至诚无息①。不息则久②，久则征③，征则悠远，悠远则博厚④，博厚则高明⑤。博厚，所以载物也。高明，所以覆物也。悠久，所以成物也。博厚配⑥地，高明配天，悠久无疆⑦。如此者，不见而章⑧，不动而变⑨，无为而成⑩。

【注】

①至诚：最高境界的真诚。无：没有。息：停止、间断。②久：永恒。③征：表现出某种外在特征。④博厚：多且厚重。⑤高明：高远明亮。⑥配：匹配。⑦疆：边界、止境。⑧不见：不表现。而：却。章：通"彰"，彰显、明显。⑨不动：不行动。变：变化。⑩无为：不刻意作为。成：成就万物。

【译】

因此，最高境界的真诚就是永不停息。不停息就长久，长久就有效果，有效果就能悠远长久，悠远长久就能广博深厚，地的广博深厚自然成就天的高大光明。广博深厚，则承载万物。高大光明，则覆盖万物。悠远长久，则生成万物。广博深厚可与地匹配，高大光明可与天匹配，悠远长久就是永无止境。达到这样的境界，至诚没有表现却自然彰显，不活动却导致变化，不刻意作为却滋养万物。

【读】

至诚无息，是什么意思？就是"天何言哉"的沉默，这种沉默是一种真实的存在，是一种内心的真诚，是一种外在的真诚。"天行健，君子以自强不息"，上天可曾说过什么话？多数时候都是无声无息，但是天道依然保持运行，上天永远覆盖着大地，太阳永远照耀着大地，月亮永远陪伴着人们，群星永远点缀着星空，这是天道；君子就应当学习这种品德，自强不息，只争朝夕。"地势坤，君子以厚德载物"，大地何曾多言？但是大地包容万物，承载万物，滋养万物，这是地道；君子应当像大地一样，包容世间的事，包容世间的物，包容世间的人；承载历史的责任，承担当下的责任，承受人之为人的责任。"至诚"的本质符合天道，符合地道，符合仁道，滋养生命，也滋养万物。有"至诚"才有中和，才有中庸之道！

【35】 天道无欺

天地之道，可一言而尽①也。其为物不贰②，则其生物不测③。天地之道，博也，厚也，高也，明也，悠也，久也。今夫天，斯昭昭④之多，及其无穷也，日月星辰系焉，万物覆焉。今夫地，一撮⑤土之多，及其广厚，载华岳而不重，振河海而不泄，万物载焉。今夫山，一卷⑥石之多，及其广大，草木生之，禽兽居之，宝藏兴焉。今夫水，一勺之多，及其不测⑦，鼋、鼍、蛟、龙、鱼、鳖⑧生焉，货财殖⑨焉。

【注】

①一言：一个"诚"字。尽：说完。②不贰：相对于"诚"而言，就是一个"诚"。③测：测度。④斯：此。昭昭：光明的样子。⑤撮（cuō）：量词，四圭为一撮。⑥卷：通"拳"，极言其小。⑦不测：无法测量。⑧鼋（yuán）、鼍（tuó）：中国古代的各种鳄鱼，如扬子鳄。蛟：传说中能兴风雨、发洪水的龙。龙：传说中的神异动物，或生于山水，或生于河湖，或生于大海。鳖：甲鱼。⑨殖：繁殖、增殖。

【译】

天地之道，用一个"诚"字可完全表达。天地造物只是一个"诚"字，但是生成万物不可胜数。天地之道，广博，深厚，高大，光明，悠远，长久。头上这片天，看上去一片光明，无穷无尽，日月星辰都挂在天空，世间万物都被天覆盖啊。脚下的大地，立足不过一撮土那么少，其实整个大地广博深厚，承载华山而不显得重，举起黄河大海而不泄露，万物都被大地背负着啊。现在这山，眼前的或许只是一块石头，其实广大无边，草木生长其上，禽兽栖息其上，宝藏发现于其上啊。眼前这水，不过一勺子那么多，但全部的水却深不可测，鼋、鼍、蛟、龙、鱼、鳖生活其中，人类的财货在其中繁殖啊。

【读】

这一节讲"真诚"的发展性。天地之道到底是什么？就在一个"诚"字。"诚"又是什么，就是一种伦理化的真实，带有情感的真实，富有人文色彩的真实。天地造物，何其宏大的叙事，但其实也是一种人格化的真实。其在人的眼中，其在人的耳中，其在人的心中，只不过是一个真实呈现和积少成多的过程，这就是天地造物。两千多年，曾子从视听上感受的天地山水，居然跟宇宙的熵增定律高度契合，这也是人对天道认知的神秘之处。

人的道德修养，也就在一个"诚"字。因为"诚"，人就可能像地那么广博深厚，就像天那么高大光明，像天地那么悠远而长久，"心怀坦荡"讲的就是这种境界！这就是古人追求的人与天地合其德。天之无穷无尽，日月星辰挂在其中，万物都被其覆盖，这不是君子的包容宇内吗？这不是圣人内心的宏大吗？地之广博深厚，承载华山，包容河海，背负万物，这是什么？这不正是君子的厚德载物？山之广大无边，草木生长，禽兽栖止，宝藏兴起其上，这不正是君子的担当？水之深不可测，鼋、鼍、蛟、龙、鱼、鳖生活其中，人类的财货在其中繁殖啊！这不正是君子的海纳百川、有容乃大吗？历代注家，大多忽视了经典的文学作品是以形象的方式表达一个"诚"字而已！然而，子思想说的是如果一个人都不能"诚"，何来真实？没有真实，何来中和？又何来人与物、物与物的中庸之道呢？

【36】 至诚德纯

《诗》云："维天之命①，於穆不已②。"盖曰天之所以为天也。"於乎不显③！文王之德之纯④！"盖曰文王之所以为文也，纯亦不已⑤。

【注】

①维：通"惟"，只有、唯有。天：上天。命：上天赋予的责任。②於：叹词，唉。穆：庄重。不已：不停。③於乎：双音节叹词，赞叹声。不：通"丕"，特别。显：光明。④之（后一个）：且。纯：纯厚。⑤已：停止。

【译】

《诗经·周颂·清庙之什·维天之命》中说："只有天赋明命，深远而无穷。"这大概讲天之所以为天的原因吧。"啊，多么光明！文王德行纯厚！"这大概讲文王之所以被称为文王的原因吧，他的纯厚永无止境。

【读】

子思最后引用《诗经·周颂·清庙之什·维天之命》，作为本章的总结。这个总结，有两层深意：第一，文王深谙中庸之道，其德行纯厚的背后，是中庸之道内化为他的人格，内化为他的品德。所以，文王的生命磁场给人的感觉如此高森远阔，如此无穷无尽。换一个角度理解，深谙中庸之道的人，心胸会很开阔，内心会很平静，性格会很谦和，性情会很温和，这是一种不惊、不惧、不喜、不忧的中庸境界！第二，修行如文王一样道德纯厚，也不意味着可以停下修养的脚步。中庸之道的境界，需要人终身自觉，终身坚持，终身坚守。孔子早就有过"白刃可蹈也，中庸不可能也"的论断，中庸之道作为人类后天的理性智慧，契合天道、地道、仁道的哲学智慧，其认知，其认同，其实践，需要人终身知行合一！

第六章 中庸之道·修行

【37】 道德一体

大哉圣人之道！洋洋乎发育①万物，峻极②于天。优优③大哉！礼仪三百④，威仪三千⑤，待其人而后行。故曰苟不至⑥德，至道不凝⑦焉。故君子尊德性而道问学⑧，致广大而尽⑨精微，极高明而道⑩中庸，温故而知新，敦厚以⑪崇礼。是故居上不骄⑫，为下不倍⑬。国有道，其言足以兴；国无道，其默足以容⑭。《诗》曰："既明且哲⑮，以保其身。"其⑯此之谓与？

【注】

①洋洋：盛大无边。发育：生养。②峻：高大。极：至极。③优优：丰厚、充足。④三百：概数，极言其多。⑤三千：概数，极言其多。⑥苟：如果。至：至高。⑦凝：凝聚。⑧尊：尊崇。道：演说、演绎。问学：询问学习。⑨致：达到。尽：钻研。⑩极：洞察。道：行，奉行。⑪以：又。⑫骄：骄傲、骄横。⑬倍：通"背"，背叛。⑭默：沉默。容：容身，保全身体。⑮哲：智慧、通达。⑯其：语气词。

【译】

多么伟大啊，圣人之道！浩瀚无际，生养万物，高峻如天。丰厚充足啊！礼仪三百条，威仪三千条，等待圣人出现而后实行。所以说，如果不是至高的德行，就不能凝聚至高的道。因此，君子尊崇德性而演绎学问，使自己内心宽旷而体察精微，达到高明境界而行中庸之道，重温过往而有新的发现，朴实忠厚又崇尚礼仪。所以，居上位却不骄横，居下位不犯上作乱。国家有道，其言语足以让国家兴旺；国家无道，其沉默足以保全自己。《诗经·大雅·荡之什·烝民》中说："聪明智慧，保全自身。"讲的就是这个意思吧？

【读】

理解这一节，首要的是不能把"圣人"这个词具体而微，并不是具体指某一人。孔子生前说："若圣与仁，则吾岂敢？"更多的是一种理想寄托，圣人出现，圣人之世，都是一种理想化的表达而已。圣人之道契合天道，契合仁道，是中庸之道！圣人之道浩瀚无际，生养万物，高峻如天，丰厚充足！如此，君子才能实行中庸之道！中庸之道大行天下，依赖君子，也依赖圣人！因为只有最高的道德魅力，才能凝聚最高的道！有人说，需要圣人吗？需要。圣人出现，才能出现好的礼乐教化，才能出现民主法治，才能"我无为而民自化"。天天想着管理百姓，天天想着治理百姓，天天想着搜刮百姓，这样的统治者可以提出兼顾各个阶层"致中和"的政策和法律吗？这样的统治者可以制定和实施对百姓有利的政策和法律吗？

如何实行中庸之道？首先是天下人必须尊崇德性而追求学问，即所谓'尊德性而道问学"，把内心修为到极为广阔的境界，又能心细如发体察入微，还能温故知新，质朴忠厚而崇礼。很多人对"尊德性而道问学"的理解有偏颇，重视自己的道德修养，同时保持终身学习状态，也就达到了这种境界。人们对马斯洛生理需要、安全需要、爱与归属需要、尊重需要、自我实现需要的"五层次"需要理论非常认同，但是马斯洛还提出了更高层次的需要：认知需要和审美需要。如果终身认知，终身审美，那就是"尊德性而道问学"的境界。如此，修养身心算是基本成功。

　　修养身心之后，就要因时势而动。国家在正常的轨道上运行，自己敢于发表自己的思想，让自己的思想能够推动国家的进步和复兴！国家不在正常的轨道上运行，沉默足以保全自己的身家性命。明代遗民朱舜水先生，在国家无道的时候，漂流过海，远赴扶桑，把儒学传到日本，为日本民族的发展做出了积极的贡献。顾炎武在国家无道的时候，提出了"文化天下"的理念，提出了"天下为天下人的天下"的革命思想，神隐江湖，在漂泊无定中完成了《日知录》等巨著，其"国家兴亡，匹夫有责"的思想足以让一个国家复兴！王船山在国家无道的时候，隐藏在山中沉默保身，著书立说，其《船山遗书》洋洋数千万字，足以滋养中华民族。最后子思引用了《诗经·大雅·荡之什·烝民》中的名言："既明且哲，以保其身。"这是中庸之道的最高境界。

【38】德须配位

子曰："愚而好自用^①，贱而好自专^②，生乎今之世，反古之道^③。如此者，灾及其身者也。"非天子，不议礼，不制度^④，不考文^⑤。今天下车同轨，书同文，行同伦^⑥。虽有其位，苟无其德，不敢作礼乐焉。虽有其德，苟无其位，亦不敢作礼乐焉。子曰："吾说夏^⑦礼，杞不足征^⑧也。吾学殷^⑨礼，有宋^⑩存焉。吾学周礼^⑪，今用之，吾从^⑫周。"

【注】

①愚：不自明。自用：自以为是。②贱：修为低下。自专：独断专行。③反：通"返"。道：做法、法度。④制度：制定法度。⑤考文：考订文字，即规范文字。⑥行：行为。伦：伦理。⑦说：谈论。夏：夏朝的礼制。⑧杞：武王封夏禹的后代为杞国。征：验证。⑨殷：殷商的礼制。⑩宋：商汤的后代居住的国家。⑪周礼：周朝的礼制。⑫从：遵从。

【译】

孔子说:"不自明却喜欢自以为是,修为低下却喜欢独断专行,生在当代,却要恢复古代的做法。这样做,则灾难必然落在他身上。"不是天子,不制定礼仪,不制定法度,不规范文字。现在天下车辙统一,文字写法规范,行为遵循相同的伦理。即使有天子地位,没有相匹配的德性,也不敢制礼作乐啊。即使有了高尚的德性,没有相应的地位,也不敢制礼作乐啊。孔子说:"我诠释夏朝礼制,杞国文献不足以证明。我学习商朝礼制,宋国有文献存在。我学习周朝礼制,现在依然实行,所以我遵从周礼。"

【读】

读这一节,很多人想当然攻击孔子"克己复礼"的思想,并断定孔子是有复古倾向的保守主义者,更有甚者断言孔子是既得利益的维护者。"克己复礼"并非"反古之道","克己复礼"的意思是"能够自己主动符合周礼要求",那是因为孔子所在的春秋时代,仍然在周王朝的时代,周礼是周公姬旦定制的,是适应周代生产力发展的一种文化形态,创造了灿烂的周代文明。而"反古之道"是生搬硬套,照抄照搬古时候的做法和制度。

这一节提出了一个至今仍有积极意义的观点:德位匹配,才能制礼作乐,才能规范文字,才能规范伦理。很多时代,恶法丛生,劣政迭出,就是因为制定法律者,多是既得利益者,多是贪得无厌者,多是品德败坏者。这样的人,制定政策法律能够顾及大局?能够着眼长远?能够为人民谋福祉?能够为国家谋复兴?那岂不是笑话。人民既然是历史的主人,也是国家的主人,制定政策应该让人民说了算,制定法律应该让人民参与讨论,实施法律也必须尊重人民的意愿。任何法律,旨在保护公平正义,而不能只是保护部分人群或既得利益集团。任何政策，旨在解放生产力，旨在给人民减负松绑，旨在使人民和社会经济如蒲草芦苇一样铺天盖地、自由自在地发展！

最后借孔子对待夏商周三朝文化的方法，启发读者，对于传统文化不是抱残守缺、复古守旧，而应当与时俱进，传承优秀文化精神，创造新的文化形态，发展新的文化精神。

【39】天下法则

王天下有三重①焉，其寡过矣乎！上焉者②，虽善无征③，无征不信，不信民弗从。下焉者④，虽善不尊，不尊不信，不信民弗从。故君子之道，本诸身⑤，征诸庶民⑥，考诸三王而不缪⑦，建诸天地而不悖⑧，质⑨诸鬼神而无疑，百世以俟圣人而不惑。质诸鬼神而无疑，知天也。百世以俟圣人而不惑，知人也。是故君子动而世为天下道⑩，行而世为天下法，言而世为天下则。远之则有望⑪；近之则不厌⑫。《诗》曰："在彼无恶⑬，在此无射⑭，庶几夙夜⑮。以永终⑯誉。"君子未有不如此，而蚤⑰有誉于天下者也。

【注】

①重：重要的事情。②上焉者：上位者。③征：验证、证明。④下焉者：下位者。⑤本：根本。诸：在于。身：自身德行。⑥庶民：普通百

姓。⑦考：考证。三王：夏商周三代开国贤王。缪：荒谬。⑧建：立。诸：之于。悖：偏离常规。⑨质：询问。⑩世：世代，世世代代。道：真理。⑪望：威望、名望、魅力。⑫厌：厌弃、厌烦、讨厌。⑬彼：那儿。恶：被憎恶。⑭此：这里。射（yì）：同"斁"，厌弃。⑮庶几：几乎。夙夜：早晚。⑯以：从而。永：长久。终：自始至终。⑰蚤：通"早"。

【译】

君王能够做好创制礼仪、制定法度、规范文字这三件重要的事，他必然少犯错误啊！上位者虽然好，但是不能得到验证，没有得到验证就无法让人信服，无法让人信服则百姓不会遵照执行。下位者虽然好，但是位置不够高，位置不高也不容易让人信从，老百姓也不会遵照执行。因此，君子之道从自身德行修养开始，在普通百姓那里得到印证，即便拿来与禹、汤、文王的道德比照考究也不会觉得荒谬，立于天地之间而不觉得违背天地之道，咨询鬼神也不会有疑虑，就是等到百世以后的圣人出现也不会觉得疑惑。咨询鬼神不会有疑虑，就是知天道了。百世以后的圣人对此不会提出异议，那就是知人了。因此，君子的举动，世代都把它看作正道，君子的行为，世代都把它看作法规，君子的言论，世代都把它看作准则。远离君子，君子却保持人格魅力和美好声望；靠近君子，人们却不觉得讨厌。《诗经·周颂·臣工之什·振鹭》中说："在自己的封地没有人憎恶，在京城里没有人厌弃。差不多夙夜为百姓操持，从而自始至终永久保持你们的声誉。"君子没有不如此做，而能名满天下的。

【读】

这一节谈平治天下的法则。平治天下，强调道德的感化，文化的教化，百姓的"自明诚"。以"民自化"的过程，达到天下大治的目标，这就是平治天下。这种平治天下的法则，契合中庸之道，所以往往卓有成效。

这种平治模式，自然就强调上位者的道德境界。上位者人品好、思想好、方法好，如果得不到证明，得不到认可，百姓不会信从。因为在现实中，上位者好的人品、好的思想、好的方法，得不到证明，得不到认可，不能变成实践或生产力，形成的推动力就微乎其微。与之相反，很多上位者不好的人品、不好的思想、不好的方法、不好的态度、不好的作风，百姓都看在眼里、记在心里，这样的社会治理能够实现平治天下的圣境，岂不是笑话？

很多时候，这种上位者太遥远，百姓因为不能认同而不信从，下位者地位太低，人微言轻，再好的想法也无法上升为国家意志或政府行为。古往今来，凡是走入没落和颓废的国家，都存在这样的问题。以秦始皇嬴政的才华和精明，其雄才大略往往不为百姓感知和认可，为何？信息不对称，被宦官赵高等包围和屏蔽。同样的道理，大泽乡的九百多个农民工"遇雨失期，失期当斩"的诉求不能上达秦二世，结果陈胜吴广揭竿而起，硬是把大秦帝国推翻了。阶层固化、利益固化，上下不通、信息不通、法律不通等，这是国家灭亡的征兆。

本节也谈了中庸之道的修养标准。标准是百姓的认同和信从。能够做到这一点，那么即便回到大禹、商汤、文王的时代与这三位贤王比较也不会显得荒谬，立于天地之间而不会违背天地之道，用蓍草、龟甲卜问鬼神不会疑虑，等百世后圣人再检验也不会觉得疑惑。做到这样，君子的言谈举止，都是世世代代的楷模，都是世世代代的法规。君子如此完美，其非权力影响已然十分强大，百姓尽管离得很远，但自然感受得到其如沐春风般的魅力和威望；百姓就是走近，也不会觉得讨厌。上位者如是，君王对臣子如是，臣子对僚属如是，僚属对仆从如是，官僚对百姓如是，天下自然平治！子思最后引用《诗经·周颂·臣工之什·振鹭》中的诗句，就是以文学手法进行烘云托月，继续强调修养身心对于平治天下的重要性。

【40】 并行不悖

　　仲尼祖述①尧舜，宪章文武②。上律③天时，下袭④水土。辟如天地之无不持载，无不覆帱⑤；辟如四时之错行⑥，如日月之代明⑦。万物并育⑧而不相害，道并行而不相悖⑨。小德川流，大德敦化⑩。此天地之所以为大也！

【注】

①祖述：师法前人，上溯阐述。②宪章：效法。文武：文王姬发，武王姬昌。③律：符合、契合。④袭：与"律"对举，含义相近。⑤覆帱(dào)：同义复指，覆盖。⑥错行：交错运行。⑦代明：交替照亮。⑧并育：同时生长。⑨悖：违背、相反。⑩敦化：使……敦厚淳朴的过程，称为敦化。

【译】

孔子继承尧舜，效法文王武王。上契合天时，下符合水土。像天地没有什么不可以承载，没有什么不可以覆盖；像四季交替运行，像日月交替照明。万物同时生长而不相互妨害，不同的道同时施行却不相互背离。小德像小河滋润万物，大德像天地纯厚而化育万物。这就是天地之所以伟大的秘诀啊！

【读】

这一节借歌颂仲尼而高度赞美实行中庸之道的美妙，重点是行不言之教，以春风化雨的方式教化人民。孔子之德之所以伟大，在于其上溯尧舜，效法文武。契合天时，符合水土。正如孔子所言："天何言哉？四时行焉，百物生焉，天何言哉？"孔子之德在于像天一样行不言之教，却成为中国文化起承转合的托梦人。"不言"是教育方法。"不愤不启，不悱不发"，"道"最终要内化为自己的修为，成为自己的生命特质，才能称其为"道"。"不言"是悟道方法。一千个读者就有一千个哈姆雷特，对"道"的理解，如果讲出来了，会被误认为只有一个标准答案，如果不讲出来，各有各的心得，各有各的感悟，各有各的收获，岂不是更好？"不言"是管理方法。儒家提倡"无为而治"是具有积极意义的，认为有所为、有所不为是管理的分寸。当统治者的言语有可能成为法律、政策、政令的时候，说话太多可能就会朝秦暮楚、朝三暮四、朝令夕改，令人无所适从。上天从来没有说什么话，但是日月星辰有序运行，一年四季有序更替，万物生长欣欣向荣。这是很好的示范，是无言的教育，正所谓"桃李不言，下自成蹊"。"不言"也是一种包容。因为包容，所以万物并育而不相害，道并行而不悖，道德如水滋润万物，如天地化育万物。这是天地伟大的原因，也是仲尼伟大的原因！作者把道德从一个人比附天地，然后从天地回归到一个伟大的思想家、哲学家、教育家"不言"的教育方法、"不言"的悟道方法、"不言"的管理方法、"不言"的包容态度。子思借孔子力行的君子之道、中庸之道，雄辩地证明以中庸之道修养自身，修养民众，实施教化，以"万物并育而不相害，道并行而不相悖"的方式达成天下平治的崇高理想！逻辑严谨！

【41】聪明睿智

　　唯天下至圣，为能聪明睿知^①，足以有临也。宽裕^②温柔，足以有容也。发强刚毅^③，足以有执^④也。齐庄中正^⑤，足以有敬也。文理密察^⑥，足以有别也。溥博渊^⑦泉，而时出之。溥博如天，渊泉如渊。见^⑧而民莫不敬，言而民莫不信，行而民莫不说。是以声名洋溢乎中国^⑨，施及蛮貊^⑩。舟车所至，人力所通，天之所覆，地之所载，日月所照，霜露所队^⑪，凡有血气者，莫不尊亲，故曰配天。

【注】

①睿：敏锐。知：通"智"，智慧。睿知：即英明远见。②裕：充裕。③发：奋发。强：强健。刚：刚正。毅：勇毅。④执：决断。⑤齐：同"斋"，斋戒。庄：庄重。中正：适中，不偏不倚。⑥文：文章。理：条理。密：周密。察：明辨。⑦溥：大。博：广。渊：深。⑧见：同"现"。⑨中国：最初周王室直属地，后指中原地区；如今已经成为中国的称号。⑩蛮貊（mò）：指落后的边远地区。⑪队：通"坠"，降落。

【译】

只有天下至圣之人，最为远见卓识，有足够的人格魅力和能力居上位而平治天下。他宽厚温柔，能包容天下。他奋发强健，刚正勇毅，能行事果决。他虔诚庄重，中正无邪，能心存敬畏。周密体察文章条理，能明辨是非。广阔博大深如源泉的美德，时时洋溢出来。广博如天，深远如源泉。他出现，百姓没有不恭敬的，他说话，百姓没有不信从的，他做事，百姓没有不高兴的。因此，他的声名传扬华夏各国，传播到边远地区。车船能到达之处，人力所通行之处，上天所覆盖之处，地所承载之处，日月所照耀之处，霜露所降落之处，凡是有血气的人，没有不尊敬和亲近他的，所以叫作与天匹配。

【读】

孔子是中国传统道德的立法者，孔子著《春秋》让乱臣贼子深感恐惧，因为他建立了完整的价值体系，让中国人为人处事有可以参照的价值标准。孔子被两千多年来的学者称为至圣，至圣先师，是虚妄或溢美之词吗？当然不是。因为孔子的道德与中庸契合，与天匹配，所以，他的思想烛照人类经久不衰！孔子儒家思想是中国价值体系的"钢结构"；是中国人之为中国人的显著性人格基因；是中国之所以为中国的标志性文化基因。孔子儒家思想衍生了东方文化，主导了东亚文明，浇铸了中华文明！其伦理思想、哲学思想、价值体系等具有永恒的价值，解决中国当代社会的诸多问题，需要回望孔子，汲取孔子的智慧！无论东方西方，在人类文化历史上推选三个最伟大的哲学家，孔子都在其中。一是提出了知行合一的哲学思想；二是建构了"忠孝仁义礼智信"等伦理价值体系；三是传承和发扬了朴素唯物辩证法的思想，为《易经》做《易传》，使《周易》成为中华民族薪火相传的哲学智慧。无论东方西方，在人类文化历史上推选三个最伟大的教育家，孔子都在其中。开平民教育先河、开民办教育先河、开素质教育先河、开生本教育先河、开道德教育先河、开审美教育先河、开诗歌教育先河、开有教无类先河、开因材施教先河、开教学相长先河、开全科教师先河、开学术独立先河。树立了自学成才、自强不息、专业成长、人格独立的榜样等！解决当代教育的诸多问题，仍需要深情回望孔子的教育智慧！

　　所有文字记载，都指向上述事实。其至圣，圣在人格，圣在道德，圣在思想，圣在哲学，圣在教育，圣在伦理。在这一节文字中，子思认为至圣孔子具备了五种伦理精神：圣、仁、义、礼、智。聪明睿智是圣，宽裕温柔是仁，发强刚毅是义，齐庄中正是礼，文理密察是智，具备五伦就是至圣。子思以一种形象化的表达，歌颂了孔子之道德，如天包容，如地承载，如日月朗照，如源泉滋润，化育人民，塑造文明。至圣仲尼，就是这么一个伟大的存在！称赞仲尼与天地合其德，绝非溢美之词！

【42】 天下至诚

　　唯①天下至诚，为能经纶天下之大经②，立天下之大本③，知天地之化育④。夫焉有所倚⑤？肫肫⑥其仁，渊渊⑦其渊，浩浩⑧其天。苟不固聪明圣知达天德⑨者，其孰能知⑩之？

【注】

　　①唯：唯有。②经纶：平治。大经：重要的道。③大本：根本。④化育：教化滋养。⑤倚：依靠。⑥肫肫（zhūn）：诚恳貌。⑦渊渊：幽深貌。⑧浩浩：广大貌。⑨苟：如果。固：本来。圣知：圣明智慧。天德：与天匹配的高尚道德。⑩知：明白。

【译】

　　只有天下至诚者，才能构思平治天下的伦常，树立天下的根本法则，通晓天下化育万物的道。这样还需要别的依靠吗？其仁心是那么诚挚，其心思是那么幽深，其天赋是那么广大。如果不是天生聪明睿智、通晓天德的人，有谁能明白天地的真诚呢？

【读】

这一节回到"自诚明"而"道中庸"。什么是"至诚",至诚就是赤诚,就是全人格的真诚,就是涵养、伦理、情怀的真实。于个人而言,"至诚"就是做一个真实的人,就是活出生命的本真和精彩;于组织而言,就是坚持真理,说真话,办真事。

只有至诚者,才能构思创立平治天下的伦常,树立天下的根本法则,通晓天道化育万物的玄机。心不诚,如何有仁心?心不诚,如何能达到聪明睿智?心不诚,如何能拥有纯厚深远的人格?心不诚,如何体悟天地化育万物的生机奥秘?心不诚,又如何实践中庸之道?不能行中庸之道,哪里会有"仁义礼智信和"的伦理、价值、制度、法律的出现!

至诚之人能行中庸之道!能构建实施平治天下的九经:"修身也,尊贤也,亲亲也,敬大臣也,体群臣也,重庶民也,来百工也,柔远人也,怀诸侯也。"若非诚明,若非至诚,这"九经"必然偏离中道,也不会形成恒常的规矩。至诚之人能立天下之大本!何为大本?"中也者,天下之大本也","中"就是天下大本,所有的政策、法规都"允执其中",就是适中、适合、适度、适宜,就是能够促进民众自化的好政策、好法规。至诚之人能知天地之化育!至诚之人即为大德,即为圣人,其思想、其哲学、其教化等,都能"赞天地之化育",可以成为天地化育万物的辅助力量。不是吗?民胞物与的伦理不是化育万物的力量吗?天人合一的情怀不是化育万物的精神吗?给宇宙以道德的终极关怀不是化育万物的大智慧吗?

第七章 中庸之道 · 方法

【43】 谦逊低调

《诗》曰："衣锦尚绷①。"恶其文之著也。故君子之道，阇然而日章②。小人之道，的然而日亡③。君子之道，淡而不厌，简而文，温而理。知远之近，知风之自，知微之显，可与入德矣。

【注】

①衣：穿上。锦：华丽的衣服。尚：加上。绷（jiǒng）：同"褧（jiǒng）"，也就是罩衣。②阇：昏暗。日章："章"通"彰"，日益彰显。③的然：确凿无疑，确信无疑。日亡：日益消亡。

【译】

《诗经·卫风·硕人》中说："穿上华丽的衣服再加上披风。"这是因为嫌华丽的衣服太过惹眼而显示谦逊。因此，君子之道，虽然昏暗却日益彰显。小人之道，确凿不移却日益消亡。君子之道，恬淡而不被厌倦，简朴而饱含文采，温厚而富有理性。知道远近，知道风向，知道微妙和显著，可以进入圣德境界。

【读】

首先必须强调，本节的"君子之道"就是"中庸之道"，"小人之道"就是未达到"中庸之道"的状态。这在《中庸》中已经借孔子的话做了结论："君子中庸，小人反中庸。"道德高尚者恪守中庸之道，道德平庸者时常违背中庸之道。中庸之道到底是什么？用诗歌《诗经・卫风・硕人》中的诗句来表达，那就是衣服过于华丽就用朴素的披风罩衣冲淡，不能让人觉得太过奢华。中庸之道，会在恬淡与厌倦、简朴与文采、温厚与理性、远与近、风来与风去、微妙与显著之中选择一种尽可能的适中、适合、适度、适宜！符合中庸之道，个人、组织、国家都会走向辉煌，违反中庸之道则都会走向衰亡！谦逊，就是中庸之道！

【44】内省不疚

《诗》云："潜虽伏^①矣，亦孔之炤^②。"故君子内省不疚无恶于志^③。君子之所不可及者，其唯人之所不见乎！

【注】

①潜虽伏：即"虽潜伏"。②亦：也。孔：很。炤：古同"昭"，明显。③疚：愧疚。无恶于志：不会厌恶自己的初心。志：初心。

【译】

《诗经·小雅·节南山之什·正月》中说："虽然潜伏隐匿自己，却也清晰可见。"经常反省就不会愧疚和有愧于初心。常人不及君子的地方，在于君子在别人看不见的地方却能自觉遵守中庸之道！

【读】

《诗经·小雅·节南山之什·正月》中说："虽然潜伏隐匿自己，却也清晰可见。"讲君子之德虽处于潜隐状态，但依然有清晰可见的示范效应，也讲了君子与常人的差别在于内心的无愧，在于初心的坚守，在于慎独的坚持。君子道德高尚，君子持守中庸之道，君子虽然可以低调，但是其示范效应依然很强，其榜样的力量依然很大。如果德位相配又处于高位，对周遭、对族群、对国家和民族的影响力更大。君子更需要保持内省，反思自己的行为是否有悖中庸之道，内心的自己是否坚守初心。因为有内省机制，才能保持慎独的生命状态，才能避免偏离中庸之道，才能避免走极端，才能永葆青春！

【45】 敬畏诚信

《诗》云："相在尔室^①，尚不愧于屋漏^②。"故君子不动而敬，不言而信。

【注】

①相：看。尔：你的。室：室内。②尚：尚且。屋漏：屋内西北角，为神之方位，借指神明。

【译】

《诗经·大雅·荡之什·抑》中说："看你独自一人在室内，尚且无愧对神明。"因此君子不行动也受尊敬，不说话也能受信任。

【读】

《诗经·大雅·荡之什·抑》中说："看你独自一人在室内，尚且无愧对神明。"君子在言与不言、为与不为、说与不说的状态中都能坚守中庸之道，循不言之教，但求无愧于心，这是道德自觉。无愧于心源于敬畏之心，人最怕的是没有敬畏之心，敬畏谁？首先是对天有敬畏之心，与天斗其乐无穷吗？人定胜天吗？这些曾经无比豪迈的口号，冷静下来看，只能是笑话，人类在天灾面前何等渺小，何等无助啊！敬天顺天，才是人类应有的态度！其次是对地有敬畏之心。为何敬畏大地？因为人类除了偶尔坐上火箭可以离开地球几个月，偶尔坐飞机可以离开土地十多个小时，多数时候都处在生于兹长于兹的土地上，轻易改变地质结构必然反受其害，轻易改变土壤结构必然反受其害，轻易改变水质结构必然反受其害。三十年前，猪肉虽然不多却那么香甜，蔬菜虽然不丰富却十分清甜，水塘中的水或许没有自来水那么中看却很清纯。最后是对人民保持敬畏之心，人民既然是历史的主人，既然是国家的主人，就应该让人民活出主人的样子，远在三千多年前的周文王、周武王、周公姬旦都能深刻认识到天意就是民意，民意就是天意。

除了敬畏之心，还必须保持自己的诚信。孔子说："人而无信，不知其可也，大车无輗，小车无軏，其何以行之哉？"意思是说：一个人不讲信用，不知道他可以做什么。就好像大车没有横木销子、小车没有横木销子一样，它靠什么行走呢？诚信是人的安身立命的基点，也是组织或政府存在的依据。政党取得人民的信任，才能执政长久；政府取得人民的信任，才能赢得支持和稳定；企业取得客户的信任，才能获取利润；下级取得上级的信任，才能获得成长；朋友，获得对方的信任，才会产生友谊；亲人，获得对方的信任，才会有真情。信任，是个人、组织、政府、政权的宝贵资源，拥有需要坚守，失去却很容易，需要加倍珍惜。诚信，在儒家伦理中几乎是人与人之间关系的铆合钉，君臣之间，夫妻之间，朋友之间，兄弟之间，父子之间，如果没有相互的信任，如果没有值得恪守的诚信，社会将不知道会变成怎样的状态。

敬畏天地人民，人对人讲诚信，组织对民众讲诚信，国家对人民讲诚信，其政治、政策等才有可能契合或恪守中庸之道，个人的存在才有基本的依托，组织的存在才有基本的依据，国家的长治久安才有强大的支撑。反过来，对于天地，人无敬畏之心，如果人对他人不讲诚信，如果企业等组织对消费者不讲诚信，哪能生存发展？如果政府对民众不讲诚信，哪能长久？

【46】 不怒而威

《诗》曰:"鬷假①无言,时靡②有争。"是故君子不赏而民劝,不怒而民威于铁钺③。

【注】

①鬷(zōng):同"奏",祈祷。假(gǔ):福,福祉。②时:同"是"。靡:没有。③铁(fǔ):刀。钺(yuè):斧。

【译】

《诗经·商颂·烈祖》中说:"默默地祈祷福祉,那时那刻没有争抢。"因此,君子无须劝勉而百姓自觉努力,无须发怒而人民感觉到的畏惧超过了看到刀斧。

【读】

《诗经·商颂·烈祖》说:"默默地祈祷福祉,那时那刻没有争抢。"引用诗经的话说明什么呢?上位者真诚地对远祖表示追怀,作用是教化百姓宅心仁厚。曾子曰:"慎终追远,民德归厚矣。"翻译成为白话文:"慎重地对待生命的离世,真诚地追念远祖,老百姓就会日趋仁厚。"逻辑是这样的吗?当然是。上行下效,君上祭天,百姓敬天;君上祭地,百姓敬地;君上祭祖,百姓怀恩;君上祭祀郊社,百姓敬畏诸神。上位者的威信,不是来自权力,而是来自以身作则,率先垂范。这是亘古不变的真理！

回到文本，祭祀作为一种文化现象，作为一种祖宗崇拜的信仰，有其自身的作用。文化是多元的，信仰是多元的。好的信仰——包括好的宗教信仰，是一场只赢不输的博弈。比如，信仰共产主义。共产主义在原始儒家的思想体系中称为"大同社会"，"大同"之前，称为"小康"，中国特色社会主义，依然沿用"小康"和"大同"的表述。因为相信共产主义，无数先烈抛头颅、洒热血，寻求救国救民的真理，使中华民族摆脱了"理学陷阱"，恢复了中华民族的阳刚之气和勃勃生机；因为相信共产主义，我们不忘初心，继续奔小康，继续追大同，努力实现民族复兴的中国梦！比如，信仰心学。因为相信，所以有底线，有理想，有追求，最终自然的生命虽然只有一次，但是精神的生命永恒了，就如王阳明，去世数百年，他的思想依然"活"着，"活"在每个人的心目中。

祖宗信仰（崇拜）也不例外。敬畏生命，慎重对待人的死亡，追念远祖，缅怀民族英雄和杰出人物，就是道德修养的过程。所以，很多西方学者，说儒家是儒教，是伦理宗教，其实不无道理。如果把这种信仰作为一场博弈，当然也是只赢不输的博弈。因为相信，所以缅怀；因为缅怀，所以发奋；因为发奋，所以无愧于祖宗，也无愧于今生。每当中华民族生死存亡的时候，当政者都会选择祭祀中华民族的人文始祖。君子如何劝勉百姓呢？君子德行高尚，百姓必然心存敬畏，百姓必然逐渐实现道德自觉，君子可以不怒自威，建立崇高的威望！自觉与他觉，怒与不怒，哪一种方法更有效？爱民教民化民，道德感化、道德影响、道德征服远胜于刀斧，这才符合中庸之道！

【47】 忠厚谦恭

《诗》曰:"不显惟德①,百辟其刑之②!"是故君子笃恭③而天下平。

【注】

①不:同"丕",特别、十分。显:显赫,出类拔萃。惟:同"唯",唯有。德:道德。②百辟:天下诸侯。其:于是,就。刑:通"型",效法。之:先王。③笃:忠厚。恭:谦恭。

【译】

《诗经·周颂·烈文》中说:"他的高尚道德最为人称道,天下人竞相效法他。"所以君子忠厚谦恭而能够平治天下。

【读】

《诗经·周颂·烈文》中说:"他的高尚道德最为人称道,天下人竞相效法他。"引用这两句,旨在以曾经的历史告诉后来者,贵为天子,贵为诸侯,贵为上卿,贵为君上,最重要的是什么?是自己的道德高尚。孔子说:"德不孤,必有邻。"翻译成白话文为:"道德高尚者不会孤独,定有志同道合者亲近。"道德高尚者为何不会孤独呢?道德高尚者以一种珍惜孤独、享受孤独的态度读书、思考、治学,与古圣先贤保持思想与灵魂的交流,在这种交流中不断让自己的内心柔软且强大。道德本身虽然不是一种能力,却是一种向心力和凝聚力。能够吸引志同道合的朋友与之切磋,正如《论语》开篇之章所言"有朋自远方来，不亦乐乎"。如果道德高尚者处于团队的核心位置，则必然产生"为政以德，譬如北辰，居其所而众星共之"的示范效应和征服力量，团队中人以之为榜样，自然会亲近。如是，怎么会孤独呢？

作为国君或天子，如果忠厚谦恭，天下真的可以平治吗？当然。舜帝忠厚谦恭，因此而平治天下；商汤忠厚谦恭，因此而平治天下；姬昌忠厚谦恭，因此而平治天下；姬旦忠厚谦恭，因此而平治天下。作为上位者如果忠厚谦恭，可以创造奇迹！孔子忠厚谦恭，颠沛流离中，那么多学生依旧追随！蔡元培忠厚谦恭，一批大师巨匠汇聚北京大学，开现代教育新风！梅贻琦忠厚谦恭，海内海外知识精英应者云集，回归清华园，开创教授治校的全新局面，把清华大学办成世界一流的大学！张伯苓忠厚谦恭，大师云集而开创了中国民办高等教育的奇迹！上位者忠厚，下位者淳朴；上位者谦恭，下位者谦逊；上位者道德高尚，下位者竞相模仿。因为忠厚，人才归心！因为谦恭，人才走近！因为忠厚谦恭，各类人才就像"水之就下"一般向你汇聚！何愁大事不成，何愁大业不成，何愁天下不平！秘诀就在于忠厚谦恭契合中庸之道！

【48】 常怀明德

《诗》云："予怀明德^①，不大声以^②色。"子曰："声色之于以化民，末也。"

【注】

①怀：眷恋、眷顾、厚爱。明德：美德。②大：崇尚。以：和。

【译】

《诗经·大雅·文王之什·皇矣》中说："我非常欣赏你的仁厚至德，不崇尚疾言厉色。"孔子说："以疾言厉色教化民众，这是最低级的做法。"

【读】

《诗经·大雅·文王之什·皇矣》中说："我非常欣赏你的仁厚至德，不崇尚疾言厉色。"孔子说："以疾言厉色教化民众，这是最低级的做法。"孔子儒学仿佛早就知道后世的人经常疾言厉色，经常威胁恐吓，经常歇斯底里，经常空喊口号，对比起来，孔子儒家的平治天下真是对症下药啊！

人君止于仁，君王仁厚，臣子敬畏，僚属恪尽职守，百姓相亲相爱，如此，还需要恫吓谩骂吗？在仁厚与刻薄、仁爱与寡恩、润物无声与疾言厉色之中，追求适合、适中、适度、适宜，这才是中庸之道！

【49】 教化无声

《诗》曰："德𬨎^① 如毛。"毛犹有伦^②。"上天之载^③，无声无臭^④。"至矣！

【注】

①𬨎（yóu）：轻。②伦：比较、类比。③载：事，事情。④臭：气味。

【译】

《诗经·大雅·荡之什·烝民》中说："道德教化如鸿毛轻抚。"道德还可以用鸿毛轻抚来类比。《诗经·大雅·文王之什·文王》中说："上天化育万物，无声也无味。"这是至诚至德的境界啊！

【读】

"道德教化如鸿毛轻抚"，这很容易使人想到当代人对待宠物，对待野生猫狗等，都知道以轻轻抚摸而使之温和平静并接受你。可是，为什么那么多人都不懂这个简单的道理呢？对人的教化，对人的管理，更需要像鸿毛轻抚一样施与被教化者和被管理者。孔子虽然在一般人眼里"望之俨然"，可是当你走近孔子的时候却发现"即之也温"，让学生如坐春风，实现道德自化。孔子的教育如鸿毛般轻抚！

《诗经·大雅·文王之什·文王》中说："上天化育万物，无声也无味。"孔子也说："天何言哉？四时行焉，百物生焉，天何言哉？"这句话翻译成白话文为："天何曾说话呢？四季运行，百物生长，天说了什么呢？"的确如此，上天不言，可是其高远，其高明，足以让人敬畏，足以可以示范众生。一样的道理，大地又何曾说过什么呢？大地的厚重，大地的广博，还需要说吗？上位者如果如天高明如天俊朗，如地博厚如地担当，万物和众生必然各安其位，各从其类，自由生长，发荣滋长。这个世界不是很精彩吗？道德教化是什么？是示范，是自觉，是觉悟，是自明诚，仿佛鸿毛轻抚一般温柔而触及灵魂！道德教化，仿佛上天化育万物，无声无息无味，但是润物无声，滋养万物！——这就是中庸之道！

附

录

柳恩铭《中庸心读》结构简图

第一章 中庸之道·总纲

【1】率性修道

天命之谓性，率性之谓道，修道之谓教。

【2】须臾不离

道也者，不可须臾离也，可离非道也。是故君子戒慎乎其所不睹，恐惧乎其所不闻。莫见乎隐，莫显乎微，故君子慎其独也。

【3】大本达道

喜怒哀乐之未发，谓之中；发而皆中节，谓之和。中也者，天下之大本也；和也者，天下之达道也。致中和，天地位焉，万物育焉。

第二章 中庸之道·未行

【4】君子中庸

仲尼曰："君子中庸，小人反中庸。君子之中庸也，君子而时中；小人之反中庸也，小人而无忌惮也。"

【5】贵在恒常

子曰："中庸其至矣乎！民鲜能久矣。"

【6】民鲜知味

子曰："道之不行也，我知之矣：知者过之；愚者不及也。道之不明也，我知之矣：贤者过之；不肖者不及也。人莫不饮食也，鲜能知味也。"

【7】大道不行

子曰："道其不行矣夫。"

【8】用中于民

子曰："舜其大知也与！舜好问而好察迩言，隐恶而扬善，执其两端，用其中于民，其斯以为舜乎！"

【9】不守期月

子曰："人皆曰予知，驱而纳诸罟擭陷阱之中，而莫之知辟也。人皆曰予知，择乎中庸而不能期月守也。"

【10】拳拳服膺

子曰："回之为人也，择乎中庸，得一善，则拳拳服膺而弗失之矣。"

【11】中庸难能

子曰："天下国家可均也，爵禄可辞也，白刃可蹈也，中庸不可能也。"

第三章　中庸之道·不远

【12】和而不流

子路问强。子曰："南方之强与？北方之强与？抑而强与？宽柔以教，不报无道，南方之强也，君子居之。衽金革，死而不厌，北方之强也，而强者居之。故君子和而不流，强哉矫！中立而不倚，强哉矫！国有道，不变塞焉,强哉矫!国无道,至死不变,强哉矫!"

【13】遵道而行

子曰:"素隐行怪,后世有述焉,吾弗为之矣。君子遵道而行,半途而废,吾弗能已矣。君子依乎中庸,遁世不见知而不悔,唯圣者能之。"

【14】大道无形

君子之道,费而隐。夫妇之愚,可以与知焉,及其至也,虽圣人亦有所不知焉。夫妇之不肖,可以能行焉,及其至也,虽圣人亦有所不能焉。天地之大也,人犹有所憾。故君子语大,天下莫能载焉;语小,天下莫能破焉。《诗》云:"鸢飞戾天,鱼跃于渊。"言其上下察也。君子之道,造端乎夫妇;及其至也,察乎天地。

【15】忠恕不违

子曰:"道不远人。人之为道而远人,不可以为道。《诗》云:'伐柯伐柯,其则不远。'执柯以伐柯,睨而视之,犹以为远。故君子以人治人,改而止。忠恕违道不远,施诸己而不愿,亦勿施于人。君子之道四,丘未能一焉:所求乎子以事父,未能也;所求乎臣以事君,未能也;所求乎弟以事兄,未能也;所求乎朋友先施之,未能也。庸德之行,庸言之谨,有所不足,不敢不勉,有余不敢尽。言顾行,行顾言。君子胡不慥慥尔?"

【16】平淡是真

君子素其位而行,不愿乎其外。素富贵,行乎富贵;素贫贱,行乎贫贱;素夷狄,行乎夷狄;素患难,行乎患难。君子无入而不自得焉。

【17】反求诸身

在上位,不陵下;在下位,不援上。正己而不求于人,则无怨。上不怨天,下不尤人。故君子居易以俟命,小人行险以徼幸。子曰:"射有似乎君子,失诸正鹄,反求诸其身。"

【18】道在家中

君子之道,辟如行远必自迩,辟如登高必自卑。《诗》曰:"妻子好合，如鼓瑟琴。兄弟既翕，和乐且耽。宜尔室家，乐尔妻帑。"子曰："父母其顺矣乎！"

第四章　中庸之道·平治

【19】神道中庸

子曰："鬼神之为德，其盛矣乎！视之而弗见，听之而弗闻，体物而不可遗。使天下之人齐明盛服，以承祭祀。洋洋乎如在其上，如在其左右。《诗》曰：'神之格思，不可度思，矧可射思？'夫微之显，诚之不可掩，如此夫！"

【20】大德受命

子曰："舜其大孝也与！德为圣人，尊为天子，富有四海之内，宗庙飨之，子孙保之。故大德必得其位，必得其禄，必得其名，必得其寿。故天之生物，必因其材而笃焉。故栽者培之，倾者覆之。《诗》曰：'嘉乐君子，宪宪令德。宜民宜人，受禄于天。保佑命之，自天申之。'故大德者必受命。"

【21】王道中庸

子曰："无忧者，其惟文王乎！以王季为父，以武王为子；父作之，子述之。武王缵大王、王季、文王之绪，壹戎衣而有天下。身不失天下之显名，尊为天子，富有四海之内，宗庙飨之，子孙保之。武王末受命，周公成文武之德，追王大王、王季，上祀先公以天子之礼。斯礼也，达乎诸侯大夫及士庶人。父为大夫，子为士，葬以大夫，祭以士；父为士，子为大夫，葬以士，祭以大夫。期之丧，达乎大夫。三年之丧，达乎天子。父母之丧，无贵贱一也。"

【22】礼乐教化

子曰："武王、周公，其达孝矣乎！夫孝者，善继人之志，善述人之事者也。春秋，修其祖庙，陈其宗器，设其裳衣，荐其时食。宗庙之礼，所以序昭穆也；序爵，所以辨贵贱也；序事，所以辨贤也；旅酬下为上，所以逮贱也；燕毛，所以序齿也。践其位，行其礼，奏其乐，敬其所尊，爱其所亲，事死如事生，事亡如事存，孝之至也。郊社之礼，所以事上帝也。宗庙之礼，所以祀乎其先也。明乎郊社之礼，禘尝之义，治国其如示诸掌乎！"

【23】为政之道

哀公问政。子曰："文武之政，布在方策。其人存，则其政举；其人亡，则其政息。人道敏政，地道敏树。夫政也者，蒲卢也。故为政在人，取人以身，修身以道，修道以仁。仁者，人也，亲亲为大；义者，宜也，尊贤为大。亲亲之杀，尊贤之等，礼所生也。"

【24】达道达德

在下位不获乎上，民不可得而治矣。故君子不可以不修身。思修身，不可以不事亲；思事亲，不可以不知人；思知人，不可以不知天。天下之达道五，所以行之者三。曰君臣也，父子也，夫妇也，昆弟也，朋友之交也。五者，天下之达道也。智、仁、勇三者，天下之达德也，所以行之者一也。或生而知也，或学而知之，或困而知之，及其知之，一也。或安而行之，或利而行之，或勉强而行之，及其成功，一也。子曰："好学近乎知，力行近乎仁，知耻近乎勇。"知斯三者，则知所以修身；知所以修身，则知所以治人；知所以治人，则知所以治天下国家矣。

【25】平治要诀

凡为天下国家有九经，曰：修身也，尊贤也，亲亲也，敬大臣也，体群臣也，子庶民也，来百工也，柔远人也，怀诸侯也。修身则道立，尊贤则不惑，亲亲则诸父昆弟不怨，敬大臣则不眩，体群臣则士之报礼重，子庶民则百姓劝，来百工则财用足，柔远人则四方归之，怀诸侯则天下畏之。齐明盛服，非礼不动，所以修身也。去谗远色，贱货而贵德，所以劝贤也。尊其位，重其禄，同其好恶，所以劝亲亲也。官盛任使，所以劝大臣也。忠信重禄，所以劝士也。时使薄敛，所以劝百姓也。日省月试，既廪称事，所以劝百工也。送往迎来，嘉善而矜不能，所以柔远人也。继绝世，举废国，治乱持危，朝聘以时，厚往而薄来，所以怀诸侯也。凡为天下国家有九经，所以行之者一也。

第五章　中庸之道·至诚

【26】谋定后动

凡事豫则立，不豫则废。言前定则不跲，事前定则不困，行前定则不疚，道前定则不穷。

【27】诚身有道

在下位不获乎上，民不可得而治矣。获乎上有道，不信乎朋友，不获乎上矣。信乎朋友有道，不顺乎亲，不信乎朋友矣。顺乎亲有道，反诸身不诚，不顺乎亲矣。诚身有道，不明乎善，不诚乎身矣。

【28】诚为天道

诚者，天之道也；诚之者，人之道也。诚者，不勉而中，不思而得，从容中道，圣人也。诚之者，择善而固执之者也。博学之，审问之，慎思之，明辨之，笃行之。有弗学，学之弗能弗措也。有弗问，问之弗知弗措也。有弗思，思之弗得弗措也。有弗辨，辨之弗明弗措也。有弗行，行之弗笃弗措也。人一能之，己百之；人十能之，己千之。果能此道矣，虽愚必明，虽柔必强。

【29】 活出本真

自诚明，谓之性。自明诚，谓之教。诚则明矣，明则诚矣。

【30】 至诚尽性

唯天下至诚，为能尽其性；能尽其性，则能尽人之性；能尽人之性，则能尽物之性；能尽物之性，则可以赞天地之化育；可以赞天地之化育，则可以与天地参矣。

【31】 致曲有诚

其次致曲。曲能有诚。诚则形，形则著，著则明，明则动，动则变，变则化。唯天下至诚为能化。

【32】 至诚如神

至诚之道，可以前知。国家将兴，必有祯祥；国家将亡，必有妖孽。见乎蓍龟，动乎四体。祸福将至，善必先知之，不善必先知之。故至诚如神。

【33】 诚之为贵

诚者，自成也；而道，自道也。诚者，物之终始，不诚无物。是故君子诚之为贵。诚者，非自成己而已也，所以成物也。成己，仁也；成物，知也。性之德也，合外内之道也，故时措之宜也。

【34】 至诚无息

故至诚无息。不息则久，久则征，征则悠远，悠远则博厚，博厚则高明。博厚，所以载物也。高明，所以覆物也。悠久，所以成物也。博厚配地，高明配天，悠久无疆。如此者，不见而章，不动而变，无为而成。

【35】 天道无欺

天地之道，可一言而尽也。其为物不贰，则其生物不测。天地之道，博也，厚也，高也，明也，悠也，久也。今夫天，斯昭昭之多，及其无穷也，日月星辰系焉，万物覆焉。今夫地，一撮土之多，及其广厚，载华岳而不重，振河海而不泄，万物载焉。今夫山，一卷石之多，及其广大，草木生之，禽兽居之，宝藏兴焉。今夫水，一勺之多，及其不测，鼋、鼍、蛟、龙、鱼、鳖生焉，货财殖焉。

【36】至诚德纯

《诗》云："维天之命，於穆不已。"盖曰天之所以为天也。"於乎不显！文王之德之纯！"盖曰文王之所以为文也，纯亦不已。

第六章　中庸之道·修行

【37】道德一体

大哉圣人之道！洋洋乎发育万物，峻极于天。优优大哉！礼仪三百，威仪三千，待其人而后行。故曰苟不至德，至道不凝焉。故君子尊德性而道问学，致广大而尽精微，极高明而道中庸，温故而知新，敦厚以崇礼。是故居上不骄，为下不倍。国有道，其言足以兴；国无道，其默足以容。《诗》曰："既明且哲，以保其身。"其此之谓与？

【38】德须配位

子曰："愚而好自用，贱而好自专，生乎今之世，反古之道。如此者，灾及其身者也。"非天子，不议礼，不制度，不考文。今天下车同轨，书同文，行同伦。虽有其位，苟无其德，不敢作礼乐焉。虽有其德，苟无其位，亦不敢作礼乐焉。子曰："吾说夏礼，杞不足征也。吾学殷礼，有宋存焉。吾学周礼，今用之，吾从周。"

【39】天下法则

王天下有三重焉，其寡过矣乎！上焉者，虽善无征，无征不信，不信民弗从。下焉者，虽善不尊，不尊不信，不信民弗从。故君子之道，本诸身，征诸庶民，考诸三王而不缪，建诸天地而不悖，质诸鬼神而无疑，百世以俟圣人而不惑。质诸鬼神而无疑，知天也。百世以俟圣人而不惑，知人也。是故君子动而世为天下道，行而世为天下法，言而世为天下则。远之则有望；近之则不厌。《诗》曰："在彼无恶，在此无射，庶几夙夜。以永终誉。"君子未有不如此，而蚤有誉于天下者也。

【40】并行不悖

仲尼祖述尧舜，宪章文武。上律天时，下袭水土。辟如天地之无不持载，无不覆帱；辟如四时之错行，如日月之代明。万物并育而不相害，道并行而不相悖。小德川流，大德敦化。此天地之所以为大也！

【41】聪明睿智

唯天下至圣，为能聪明睿知，足以有临也。宽裕温柔，足以有容也。发强刚毅，足以有执也。齐庄中正，足以有敬也。文理密察，足以有别也。溥博渊泉，而时出之。溥博如天，渊泉如渊。见而民莫不敬，言而民莫不信，行而民莫不说。是以声名洋溢乎中国，施及蛮貊。舟车所至，人力所通，天之所覆，地之所载，日月所照，霜露所队，凡有血气者，莫不尊亲，故曰配天。

【42】天下至诚

唯天下至诚，为能经纶天下之大经，立天下之大本，知天地之化育。夫焉有所倚？肫肫其仁，渊渊其渊，浩浩其天。苟不固聪明圣知达天德者，其孰能知之？

第七章　中庸之道·方法

【43】谦逊低调

《诗》曰："衣锦尚絅。"恶其文之著也。故君子之道，闇然而日章。小人之道，的然而日亡。君子之道，淡而不厌，简而文，温而理。知远之近，知风之自，知微之显，可与入德矣。

【44】内省不疚

《诗》云："潜虽伏矣，亦孔之炤。"故君子内省不疚无恶于志。君子之所不可及者，其唯人之所不见乎！

【45】敬畏诚信

《诗》云："相在尔室，尚不愧于屋漏。"故君子不动而敬，不言而信。

【46】不怒而威

《诗》曰："奏假无言，时靡有争。"是故君子不赏而民劝，不怒而民威于铁钺。

【47】忠厚谦恭

《诗》曰："不显惟德，百辟其刑之！"是故君子笃恭而天下平。

【48】常怀明德

《诗》云："予怀明德，不大声以色。"子曰："声色之于以化民，末也。"

【49】教化无声

《诗》曰："德辖如毛。"毛犹有伦。"上天之载，无声无臭。"至矣！

朱熹版本《中庸》结构原图

第一章

1. 天命之谓性，率性之谓道，修道之谓教。

2. 道也者，不可须臾离也，可离非道也。是故君子戒慎乎其所不睹，恐惧乎其所不闻。莫见乎隐，莫显乎微，故君子慎其独也。

3. 喜怒哀乐之未发，谓之中；发而皆中节，谓之和。中也者，天下之大本也；和也者，天下之达道也。致中和，天地位焉，万物育焉。

第二章

4. 仲尼曰："君子中庸，小人反中庸。君子之中庸也，君子而时中；小人之反中庸也，小人而无忌惮也。"

第三章

5. 子曰："中庸其至矣乎！民鲜能久矣。"

第四章

6. 子曰："道之不行也，我知之矣：知者过之；愚者不及也。道之不明也，我知之矣：贤者过之；不肖者不及也。人莫不饮食也，鲜能知味也。"

第五章

7. 子曰："道其不行矣夫。"

第六章

8. 子曰："舜其大知也与！舜好问而好察迩言，隐恶而扬善，执其两端，用其中于民，其斯以为舜乎！"

第七章

9. 子曰："人皆曰予知，驱而纳诸罟攫陷阱之中，而莫之知辟也。人皆曰予知，择乎中庸而不能期月守也。"

第八章

10. 子曰："回之为人也，择乎中庸，得一善，则拳拳服膺而弗失之矣。"

第九章

11. 子曰："天下国家可均也，爵禄可辞也，白刃可蹈也，中庸不可能也。"

第十章

12. 子路问强。子曰："南方之强与？北方之强与？抑而强与？宽柔以教，不报无道，南方之强也，君子居之。衽金革，死而不厌，北方之强也，而强者居之。故君子和而不流，强哉矫！中立而不倚，强哉矫！国有道，不变塞焉，强哉矫！国无道，至死不变，强哉矫！"

第十一章

13. 子曰："素隐行怪，后世有述焉，吾弗为之矣。君子遵道而行，半途而废，吾弗能已矣。君子依乎中庸，遁世不见知而不悔，唯圣者能之。"

第十二章

14. 君子之道，费而隐。夫妇之愚，可以与知焉，及其至也，虽圣人亦有所不知焉。夫妇之不肖，可以能行焉，及其至也，虽圣人亦有所不能焉。天地之大也，人犹有所憾。故君子语大，天下莫能载焉；语小，天下莫能破焉。《诗》云："鸢飞戾天，鱼跃于渊。"言其上下察也。君子之道，造端乎夫妇；及其至也，察乎天地。

第十三章

15. 子曰："道不远人。人之为道而远人，不可以为道。《诗》云：'伐柯伐柯，其则不远。'执柯以伐柯，睨而视之，犹以为远。故君子以人治人，改而止。忠恕违道不远，施诸己而不愿，亦勿施于人。君子之道四，丘未能一焉：所求乎子以事父，未能也；所求乎臣以事君，未能也；所求乎弟以事兄，未能也；所求乎朋友先施之，未能也。庸德之行，庸言之谨，有所不足，不敢不勉，有余不敢尽。言顾行，行顾言。君子胡不慥慥尔？"

第十四章

16. 君子素其位而行，不愿乎其外。素富贵，行乎富贵；素贫贱，行乎贫贱；素夷狄，行乎夷狄；素患难，行乎患难。君子无入而不自得焉。

17. 在上位，不陵下；在下位，不援上。正己而不求于人，则无怨。上不怨天，下不尤人。故君子居易以俟命，小人行险以徼幸。子曰："射有似乎君子，失诸正鹄，反求诸其身。"

第十五章

18. 君子之道，辟如行远必自迩，辟如登高必自卑。《诗》曰："妻子好合，如鼓瑟琴。兄弟既翕，和乐且耽。宜尔室家，乐尔妻帑。"子曰："父母其顺矣乎！"

第十六章

19. 子曰："鬼神之为德，其盛矣乎！视之而弗见，听之而弗闻，体物而不可遗。使天下之人齐明盛服，以承祭祀。洋洋乎如在其上，如在其左右。《诗》曰：'神之格思，不可度思，矧可射思?'夫微之显，诚之不可掩，如此夫!"

第十七章

20. 子曰："舜其大孝也与！德为圣人，尊为天子，富有四海之内，宗庙飨之，子孙保之。故大德必得其位，必得其禄，必得其名，必得其寿。故天之生物，必因其材而笃焉。故栽者培之，倾者覆之。《诗》曰：'嘉乐君子，宪宪令德。宜民宜人，受禄于天。保佑命之，自天申之。'故大德者必受命。"

第十八章

21. 子曰："无忧者，其惟文王乎！以王季为父，以武王为子；父作之，子述之。武王缵大王、王季、文王之绪，壹戎衣而有天下。身不失天下之显名，尊为天子，富有四海之内，宗庙飨之，子孙保之。武王末受命，周公成文武之德，追王大王、王季，上祀先公以天子之礼。斯礼也，达乎诸侯大夫及士庶人。父为大夫，子为士，葬以大夫，祭以士；父为士，子为大夫，葬以士，祭以大夫。期之丧，达乎大夫。三年之丧，达乎天子。父母之丧，无贵贱一也。"

第十九章

22．子曰："武王、周公，其达孝矣乎！夫孝者，善继人之志，善述人之事者也。春秋，修其祖庙，陈其宗器，设其裳衣，荐其时食。宗庙之礼，所以序昭穆也。序爵，所以辨贵贱也；序事，所以辨贤也，旅酬下为上，所以逮贱也；燕毛，所以序齿也。践其位，行其礼，奏其乐，敬其所尊，爱其所亲，事死如事生，事亡如事存，孝之至也。郊社之礼，所以事上帝也。宗庙之礼，所以祀乎其先也。明乎郊社之礼，禘尝之义，治国其如示诸掌乎！"

第二十章

23．哀公问政。子曰："文武之政，布在方策。其人存，则其政举；其人亡，则其政息。人道敏政，地道敏树。夫政也者，蒲卢也。故为政在人，取人以身，修身以道，修道以仁。仁者，人也，亲亲为大；义者，宜也，尊贤为大。亲亲之杀，尊贤之等，礼所生也。"

24．在下位不获乎上，民不可得而治矣。故君子不可以不修身。思修身，不可以不事亲；思事亲，不可以不知人；思知人，不可以不知天。天下之达道五，所以行之者三。曰君臣也，父子也，夫妇也，昆弟也，朋友之交也。五者，天下之达道也。智、仁、勇三者，天下之达德也，所以行之者一也。或生而知也，或学而知之，或困而知之，及其知之，一也。或安而行之，或利而行之，或勉强而行之，及其成功，一也。

25．子曰："好学近乎知，力行近乎仁，知耻近乎勇。"知斯三者，则知所以修身；知所以修身，则知所以治人；知所以治人，则知所以治天下国家矣。"

26．凡为天下国家有九经，曰：修身也，尊贤也，亲亲也，敬大臣也，体群臣也，子庶民也，来百工也，柔远人也，怀诸侯也。

27．修身则道立，尊贤则不惑，亲亲则诸父昆弟不怨，敬大臣则不眩，体群臣则士之报礼重，子庶民则百姓劝，来百工则财用足，柔远人则四方归之，怀诸侯则天下畏之。

28．齐明盛服，非礼不动，所以修身也。去谗远色，贱货而贵德，所以劝贤也。尊其位，重其禄，同其好恶，所以劝亲亲也。官盛任使，所以劝大臣也。忠信重禄，所以劝士也。时使薄敛，所以劝百姓也。日省月试，既廪称事，所以劝百工也。送往迎来，嘉善而矜不能，所以柔远人也。继绝世，举废国，治乱持危，朝聘以时，厚往而薄来，所以怀诸侯也。凡为天下国家有九经，所以行之者一也。

29．凡事豫则立，不豫则废。言前定则不跲，事前定则不困，行前定则不疚，道前定则不穷。

30．在下位不获乎上，民不可得而治矣。获乎上有道，不信乎朋友，不获乎上矣。信乎朋友有道，不顺乎亲，不信乎朋友矣。顺乎亲有道，反诸身不诚，不顺乎亲矣。诚身有道，不明乎善，不诚乎身矣。

31．诚者，天之道也；诚之者，人之道也。诚者，不勉而中，不思而得，从容中道，圣人也。诚之者，择善而固执之者也。

32．博学之，审问之，慎思之，明辨之，笃行之。有弗学，学之弗能弗措也。有弗问，问之弗知弗措也。有弗思，思之弗得弗措也。有弗辨，辨之弗明弗措也。有弗行，行之弗笃弗措也。人一能之，己百之；人十能之，己千之。果能此道矣，虽愚必明，虽柔必强。

第二十一章

33. 自诚明，谓之性。自明诚，谓之教。诚则明矣，明则诚矣。

第二十二章

34. 唯天下至诚，为能尽其性；能尽其性，则能尽人之性；能尽人之性，则能尽物之性；能尽物之性，则可以赞天地之化育；可以赞天地之化育，则可以与天地参矣。

第二十三章

35. 其次致曲。曲能有诚。诚则形，形则著，著则明，明则动，动则变，变则化。唯天下至诚为能化。

第二十四章

36. 至诚之道，可以前知。国家将兴，必有祯祥；国家将亡，必有妖孽。见乎蓍龟，动乎四体。祸福将至，善必先知之，不善必先知之。故至诚如神。

第二十五章

37. 诚者，自成也；而道，自道也。诚者，物之终始，不诚无物。是故君子诚之为贵。诚者，非自成己而已也，所以成物也。成己，仁也；成物，知也。性之德也，合外内之道也，故时措之宜也。

第二十六章

38. 故至诚无息。不息则久，久则征，征则悠远，悠远则博厚，博厚则高明。博厚，所以载物也。高明，所以覆物也。悠久，所以成物也。博厚配地，高明配天，悠久无疆。如此者，不见而章，不动而变，无为而成。

39. 天地之道，可一言而尽也。其为物不贰，则其生物不测。天地之道，博也，厚也，高也，明也，悠也，久也。今夫天，斯昭昭之多，及其无穷也，日月星辰系焉，万物覆焉。今夫地，一撮土之多，及其广厚，载华岳而不重，振河海而不泄，万物载焉。今夫山，一卷石之多，及其广大，草木生之，禽兽居之，宝藏兴焉。今夫水，一勺之多，及其不测，鼋、鼍、蛟、龙、鱼、鳖生焉，货财殖焉。

40. 《诗》云："维天之命，於穆不已。"盖曰天之所以为天也。"於乎不显！文王之德之纯！"盖曰文王之所以为文也，纯亦不已。

第二十七章

41. 大哉圣人之道！洋洋乎发育万物，峻极于天。优优大哉！礼仪三百，威仪三千，待其人而后行。故曰苟不至德，至道不凝焉。故君子尊德性而道问学，致广大而尽精微，极高明而道中庸，温故而知新，敦厚以崇礼。是故居上不骄，为下不倍。国有道，其言足以兴；国无道，其默足以容。《诗》曰："既明且哲，以保其身。"其此之谓与？

第二十八章

42．子曰："愚而好自用，贱而好自专，生乎今之世，反古之道。如此者，灾及其身者也。"

43．非天子，不议礼，不制度，不考文。今天下车同轨，书同文，行同伦。虽有其位，苟无其德，不敢作礼乐焉。虽有其德，苟无其位，亦不敢作礼乐焉。

44．子曰："吾说夏礼，杞不足征也。吾学殷礼，有宋存焉。吾学周礼，今用之，吾从周。"

第二十九章

45．王天下有三重焉，其寡过矣乎！上焉者，虽善无征，无征不信，不信民弗从。下焉者，虽善不尊，不尊不信，不信民弗从。故君子之道，本诸身，征诸庶民，考诸三王而不缪，建诸天地而不悖，质诸鬼神而无疑，百世以俟圣人而不惑。质诸鬼神而无疑，知天也。百世以俟圣人而不惑，知人也。是故君子动而世为天下道，行而世为天下法，言而世为天下则。远之则有望；近之则不厌。《诗》曰："在彼无恶，在此无射，庶几夙夜。以永终誉。"君子未有不如此，而蚤有誉于天下者也。

第三十章

46．仲尼祖述尧舜，宪章文武。上律天时，下袭水土。辟如天地之无不持载，无不覆帱；辟如四时之错行，如日月之代明。万物并育而不相害，道并行而不相悖。小德川流，大德敦化。此天地之所以为大也！

第三十一章

47．唯天下至圣，为能聪明睿知，足以有临也。宽裕温柔，足以有容也。发强刚毅，足以有执也。齐庄中正，足以有敬也。文理密察，足以有别也。溥博渊泉，而时出之。溥博如天，渊泉如渊。见而民莫不敬，言而民莫不信，行而民莫不说。是以声名洋溢乎中国，施及蛮貊。舟车所至，人力所通，天之所覆，地之所载，日月所照，霜露所队，凡有血气者，莫不尊亲，故曰配天。

第三十二章

48．唯天下至诚，为能经纶天下之大经，立天下之大本，知天地之化育。夫焉有所倚？肫肫其仁，渊渊其渊，浩浩其天。苟不固聪明圣知达天德者，其孰能知之？

第三十三章

49．《诗》曰："衣锦尚䌹。"恶其文之著也。故君子之道，闇然而日章。小人之道，的然而日亡。君子之道，淡而不厌，简而文，温而理。知远之近，知风之自，知微之显，可与入德矣。

50．《诗》云："潜虽伏矣，亦孔之炤。"故君子内省不疚无恶于志。君子之所不可及者，其唯人之所不见乎！

51．《诗》云："相在尔室，尚不愧于屋漏。"故君子不动而敬，不言而信。

52.《诗》曰："奏假无言，时靡有争。"是故君子不赏而民劝，不怒而民威于铁钺。

53.《诗》曰："不显惟德，百辟其刑之！"是故君子笃恭而天下平。

54.《诗》云："予怀明德，不大声以色。"子曰："声色之于以化民，末也。"

55.《诗》曰："德辖如毛。"毛犹有伦。"上天之载，无声无臭。"至矣！

重新认识儒家

　　中国人文精神哲学家主要集中在儒家、道家、释家。儒家的奠基人是孔子，人生态度是"入世"，核心价值是厚德载物的担当、自强不息的精神、以人为本的思想、天人合一的情怀、尚中贵和的思维、忠孝仁义的伦理等，弱点是容易导致一些儒者的执着与偏执。道家的奠基人是老子，人生态度是"避世"，核心价值是道法自然的哲学、上善若水的智慧、无为而治的策略、以柔克刚的方法等，弱点是强调自然、强化自由的同时，容易弱化担当。释家的代表人物是释迦牟尼，人生态度是"出世"，核心价值是自我觉悟的追求、普度众生的理想、众生平等的愿景等，弱点是容易引导人遁入空门，远离尘世，在脱离苦海的同时脱掉了自己人之为人的责任。比较儒家、道家、释家三大人文精神哲学家，我的基本结论：儒家是中国最重要的思想流派，儒家思想是中华文明的主动脉，儒家思想是中华民族生生不息的动力源泉！

　　儒家思想流变过程曲折，故事和悬案颇多。比如说，五四运动以来，中国学者非常一致的观点："儒家起源于巫。"当代几乎所有的大师级学者如李泽厚、易中天等均持此说，其实不然。儒家起源逻辑：有儒家思想的确立，才有儒家代表人物；如此推论，孔子就是儒家学派的开山鼻祖。儒家思想有两个源头：一是实践基础。主要是西周的社会实践，尤其是以周公姬旦为代表的开明政治实践，奠定了儒家人本思想基础；这个基础再上溯，就是孔子祖述尧舜的上古原始共产主义社会实践。——五千年文化土壤，孔子是起承转合关键性的托梦人。探索社会实践，从祖述尧舜，到孔子时代差不多两千五百年。从孔子到如今，又是两千五百年左右。二是理论基础。这显然是孔子在整理古典文献，尤其是西周文献时进行提炼、建构、创造的理论体系，其核心思想、观念、价值等均见于语录体散文《论语》。这是基本逻辑，是基本事实，是基本历史，何以那么多学者都看不清、看不准、看不透这个问题呢？由此可知，民国以来，中国学术界即便是接受了现代学术规范，对于传统的批判精神、挑战勇气仍然先天不足！——因为接受的主要是汉儒、宋儒的影响，对原儒的认知不足，有些学者的批判，尤其是对孔子的批判，充满了偏执，这是不可取的。邓晓芒先生是我非常敬重的哲学教授，但是邓晓芒教授对于孔子和孔子儒家及整个儒家文化的见解，我深不以为然！陈丹青先生的很多洞见，我深以为然，但是对孔子和儒家文化的偏执和固陋，我不敢苟同。文化是有土壤的，也是有连续性的，不是说封建时代的文化就一无是处。

关于儒家思想的根本，争议更大，说法更多。原始儒家，尤其是孔子儒家最根本的特征就在"人本"二字，也就是以人为本的价值观、以民为本的政治观、以生为本的教育观以及以人文精神建构为主导的社会教化思想。孟子和荀子发展了孔子的民本思想（孟子："民为贵，社稷次之，君为轻。"荀子："水则载舟，水则覆舟。"），孔、孟、荀儒家属于为民之学、为人之学、修心之学、自强之学，属于伦理哲学，而不属于单纯维护皇权、父权、夫权和既得利益者的单向意识形态。

汉代"儒学"不是儒学。到了汉代，经过有阴阳学背景的董仲舒等改造过的所谓"儒学"，由"阴阳五行"演绎出"三纲五常"的荒唐，已经背离了"人本"伦理哲学思想，成为建立在"神本"基础上的哲学体系，其理论假设的前提是"君权神授"，于是原始儒家的伦理哲学基因突变为意识形态，蜕变成为神之学、帝王之学、既得利益者之学，这已经完全背离了孔、孟、荀儒学的根本。这还能叫作儒学吗？还能称之为儒家思想吗？汉代作为纯意识形态的"儒学"是对原始儒学孔、孟、荀思想的颠覆，可以称之为"经学"，称之为"儒学"或者"汉代儒学"是不妥当的。今天的我们如果接受的教育是君权神授，那是愚民；如果接受的是"君要臣死，臣不得不死；父要子亡，子不得不亡"以及"君为臣纲、父为子纲、夫为妻纲"，则与时代潮流严重逆行，谁能接受？谁愿意接受？又怎么能接受？

宋代理学不是儒学。宋代以程颐、朱熹为代表的理学核心是"理本"。程颐曾经说："饿死事小，失节事大。"这里的"节"就是属于"理"的伦理范畴。对于现代人来说，对于和平年代的人来说，显然生命是最重要的。理学集大成者朱熹先生主张："存天理，灭人欲。"他认为世间万物存在的根本在于"理"，"理"是万物存在的根据，"理"是人间法则，"理"是终极真理。这显然是对先秦儒家人本情怀的又一次全面背叛。虽说程朱理学，是在研究原始儒家的基础上发展起来的，但朱熹只是理学集大成者，是儒学研究专家而不是儒学集大成者，理学也不是新儒学——儒学以人为本，理学以理为本。比如，由孔子等人编成的《诗经》中的爱情诗篇就充满了原始野性，充满了淳朴率性，充满了自由浪漫，这些显然与朱熹理学格格不入，所以，朱熹硬是将活生生的爱情之歌、生命之歌的《诗经·国风》解读得索然无味。

明代心学是新儒学。明代心学是对孔、孟、荀儒家的发展。心学发端在程颢，成熟在陆九渊，集大成者则是王阳明。心学强调心力，心学仍是人心，是修炼人心的学问，没有背离孔、孟、荀儒家"人本"的范畴。所以心学是原始儒学的创新发展。陆九渊说："宇宙即是吾心，吾心即是宇宙。"王阳明说："心外无物。"这两句话，似乎是疯话。但他们确是开启现代存在主义哲学的思想先驱。真理对于人呈现的过程就是"being"，就是海德格尔的存在。当然，心学的真正精华、精髓却在于"知行合一致良知"七个字。心学的精髓，请阅读《大学心读》附录之《重新认识心学》。

清代儒学属于非主流。开启于乾嘉学派的考据学，因为乾隆年间文字狱的重压，学者的思想像被裹小脚一样，受到了严重束缚。逼迫他们走向考据之路，最终走到了没有证据不说话的极端——科学的理性思维和逻辑推论都不要了，也导致清朝以后儒学的研究大多囿于"只见树木不见森林"的困境。如果忘却了儒家"人本"根基，其研究南辕北辙，偏离先秦儒家思想的轨道也越来越远。

如此种种，不一而足。对于儒家思想的研究，必须寻根溯源，回到先秦，回到孔子、孟子、荀子，才能找到儒学的根本和精髓。如今，琳琅满目的儒学研究著作，或在沿袭汉代儒学的路径，或在沿袭宋明理学的路径，或在沿袭考据学的路径，忘却甚至背叛先秦儒家"人本"思想，其研究成果和相应著作难免误导后生，误尽苍生。——二十年深耕，只为把先秦"人本"伦理哲学带回当代，重建与现代文明相契合的人文精神。这是我重注儒家经典的初心和使命！

一是儒家开创人本哲学。儒家悲天悯人，以人为本，在"五张羊皮换一个奴隶，五个奴隶换一匹马"的价值体系中，孔子面对马厩失火，只关心马夫——奴隶，而不关心马。一向温和、善良、恭敬、节制、谦让的孔子听说有人用陶俑作陪葬品，居然以最毒的口吻骂道："始作俑者，其无后乎。"翻译成白话文："首用陶俑陪葬的人，他将断子绝孙啊。"孔子如此敬畏生命，怎么可能有愚忠愚孝的思想出现呢？比如他极力赞扬管仲不像村妇村氓那样，陪葬公子纠，而是光明磊落地扶助公子小白（后来的齐桓公），任齐国宰相40年，富国强兵，成就了一个强大的齐国，这才是大忠。"君君、臣臣、父父、子子"的解释本应当为："君像君，臣像臣，父像父，子像子。"伪儒学者偏偏误导出"君要臣死，臣不得不死；父要子亡，子不得不亡"的荒唐。孔子坚持认为君臣之间"君使臣以礼，臣事君以忠"，二者有条件；孟子说得更明白："君之视臣如手足，则臣视君如腹心；君之视臣如犬马，则臣视君如国人；君之视臣如土芥，则臣视君如寇雠。"宋代名将岳飞屈死风波亭，屈在读错书了，如果读懂了先秦儒家经典，尤其是读懂了孟子"如欲平治天下，当今之世，舍我其谁也"这句，可以理直气壮直捣黄龙，或者做出其他更有利于人民、民族、国家的选择！

二是儒家开创民本政治。民本政治是儒家最重要的政治价值观念。《论语》中"民可使由之不可使知之"一句的断句，因为学者的立场不同，断句不同，解读自然大相径庭，甚至完全相反。攻击孔子推行愚民政策的学者断句为："民可使由之，不可使知之。"稍微中庸一点的学者断句为："民可使，由之；不可使，知之。"只要懂得儒家以人为本的哲学思想和以民为本的政治理念，就明白断句只有一种："民可，使由之；不可，使知之。"正确的理解也只有一种："老百姓过得很好，就顺其自然，让他们在自然生态中快乐生活；如果过得不好或者做得不好，就应该以教育让他们增长知识和智慧。"这句话的断句和解读，可以就近在《论语》中取材，进行互证。孔子到了卫国，冉有陪同。孔子感叹："卫国人口真多啊！"冉有问："人口多了该做什么呢？"孔子说："让他们富裕起来！"冉有接着问："富裕了，又该做什么呢？"孔子回答："让他们接受教育！"富民教民，其实就是物质文明、精神文明并重，两手抓两手硬；当代文明依然还是这个范畴。孟子说："民为贵，社稷次之，君为轻。"荀子则强调："水则载舟，水则覆舟。"可见先秦儒家三位大师，政治观点和政治倾向何等一致！先秦儒家的民本思想，发展到今天就是"全心全意为人民服务"的宗旨，就是"为中国人民谋福祉"的初心。中华优秀传统文化是中国化马克思主义的重要思想源泉。

三是儒家开创生本教育。近年来，我曾多次拒绝祭孔活动，我觉得这些繁文缛节不是现代人应该传承的；我多次批评学生对老师行跪拜之大礼，我相信，如果孔子今天复活，他也会坚决反对。读《论语》就知道，孔子与学生亦师亦友亦兄弟亦知己，孔子之于学生有时像慈父，有时像朋友，有时像兄长，有时像知己，师生那么平等，教学那么民主，思想那么自由，全然没有汉代"下帷讲学"那种冷冰冰的师生关系。孔子急于有作为，屈尊见了卫国夫人南子，因为南子生性淫乱，孔子与南子"同车招摇过市"，学生子路知道后很不高兴，孔子对子路发誓："如果我做了那种事，让上天谴责我吧！让上天谴责我吧！"若非如师如父如兄如友如知己一样亲密的师生关系，学生何敢质疑老师的绯闻，老师又何须对学生发出"誓言"呢？孔子对颜回慈父般的呵护，对宰予严父般的要求，对子路兄弟般的深情，何等令人动容和钦佩！

四是儒家主张自由恋爱。后世人攻击孔子是男尊女卑的始作俑者，证据是孔子曾经讲过这样的话："唯女子与小人为难养也，近之则不孙，远之则怨。"这句话中的"小人"是相对道德完美的"君子"而言，小孩子和人格尚未达到完美或完全独立的人都可以称之为"小人"，也就是普通人。这句话只是讲人性的弱点，女性和大多数尚未达到君子人格的普通男人都有这样的毛病：亲近则恃宠而骄，疏远即生怨恨。女人如此，男人何尝不是如此？除非你的定力非常强，人格非常独立，本领非常高强，不需要依附于任何个体和团体，否则有可能表现出"近之则不孙，远之则怨"的人性弱点。我倒是有更多的证据证明，孔子的情感世界以及伦理体系中，他提倡男女平等。

证据就在儒家六大经典之一的《诗经》。一部《诗经·国风》是主体，而其中十之八九都是爱情诗篇。《诗经》中君子和淑女完全平等，平等地追求爱情，平等地思恋爱人，平等地等待爱人，平等地对待爱情；《诗经》中男女相爱，充满了田园牧歌的色彩，相爱在城墙边——"俟我于城隅"，相爱在桑间濮上——"参差荇菜，左右采之"，相爱在小巷——"俟我乎巷兮"；《诗经》中的男女相思在床第——"寤寐思服，辗转反侧"，相思在风雨中——"风雨如晦，鸡鸣不已；既见君子，云胡不喜"，相思在远方——"所谓伊人，在水一方"。2500 多年后的我，在品读《诗经》的时候，依然被初民那淳朴、热烈、奔放、唯美的爱情所倾倒、折服、陶醉。不知后世伪儒学者如朱熹等，为何活生生地将如此唯美的爱情解读为"咏后妃之德"，伪儒学之虚伪竟至于此，如果推行优秀传统文化，还要维持这些腐朽、歪曲的解读，年青一代能接受吗？能喜欢吗？当然，我要强调的是《诗经》还鲜明地折射出了孔子女权主义的伦理趋向，孔子三岁丧父，母子相依为命，他能不爱自己的母亲吗？他能不敬自己的母亲吗？

五是儒家主张君子爱财。后世伪儒学者拖着嘶哑的嗓子呼喊："钱财如粪土，仁义值千金。"他们十分迂腐地强调：儒家重义轻利。殊不知，儒家学派创始人孔子，既重视道德学问，也重视营生民生。孔子曾经说："回也其庶乎，屡空。赐不受命，而货殖焉，亿则屡中。"孔子批评德行第一的颜回："道德虽然接近完美，可惜家徒四壁，口袋空空！"高调赞扬在后世伪儒学者看来似乎不务正业的子贡端木赐："端本赐不屈服于命运，从事贸易，预测市场行情非常准确啊！"后世伪儒学者面对孔子率性地宣称"富而可求也，虽执鞭之士，吾亦为之。如不可求，从吾所好"不知道作何感想？这句话直白翻译居然是："如果财富可以合理得到，就算让我做手拿鞭子的差役，我也愿意。如果获取不符合道义，我宁愿做自己喜欢的事情。"由此可见，孔子绝不是后世伪儒学者所描绘的不食人间烟火的圣人，而是一个有血有肉、脚踏实地、吃五谷杂粮的哲人。儒家也绝不是不懂经济，不懂营生，不懂技术的学问；"樊迟问稼"一章，只能说明农业技术科技含量低，不需要学校教育传承，像驾车这样的高技术活——相当于现在开飞机或飞船，孔门教育高度重视。

六是儒家主张学术自由。中国人耳熟能详的"道不同，不相为谋"居然是被所有人误读、误解的名句，孔子的原意是："主张不同，不谋求同一。"根据何在？其一：整部《论语》多次列举道家、墨家、农家、杂家批判儒门祖师孔子，却不见孔子和追随者有任何人站出来反驳他们的观点。这是什么呢？这是学术包容，这是儒家"和"文化。其二：《论语》中另外一句话可以互证："攻乎异端，斯害也已。"这是孔子告诫自己弟子的一句话，意思是攻击其余学派，害处很大。其三：孔子"君子和而不同"的鲜明主张，"和"是儒家最重要的核心价值之一，尤其是孔子儒家。其四：孔子曾经问道于道家学派创始人李耳，也曾经向各个领域的先贤、大师虚心求教。后世伪儒学者与统治者合流，独尊"儒术"，排斥其他学派，制约科学技术发展，却把罪恶推给儒学，把恶名归给孔子。匪夷所思！

七是儒家主张入世担当。孔子为了谋得用武之地，不惜与名声颇差的卫国夫人南子"招摇过市"，为的就是以自己的才智服务社会；他甚至犹豫，要不要跟臭名昭著的季氏家臣公山弗扰合作，并非为自己一己之私利，而是为苍生计；即便是周游列国，最终没有被重用，孔子依然选择以教育改变社会，儒家"以教为政"的传统，就是用教育培养有伦理情怀、有价值坚守、有理想信仰的人才，通过这些人才最终改变社会。由于宋儒"无事袖手谈心性，临危一死报君王"的悲哀，加上吴敬梓《儒林外史》的影响，儒家知识分子被嘲笑为"百无一用是书生"的书呆子，时至今日，很多上位者，依然经常嘲笑读书人为"书呆子"，这是逆流也是恶流。人们往往忘记了，周文王遇到了读书人姜子牙，还他八百年江山；张良是个读书人，刘邦遇到他才能成为大汉开国之君；魏征是个读书人，李世民遇到他才成为大唐盛世的开创者；刘伯温是个读书人，朱元璋遇到他才有可能成为大明开国皇帝。真正的读书人，真正的儒者，从来都是以天下为己任。曾子对儒家知识分子的期待是这样的："可以托六尺之孤，可以寄百里之命，临大节而不可夺也。君子人与？君子人也。"可以托付幼小的君主，可以托付整个国家，在大节上宁死不屈。比如周公姬旦负托孤之重，辅佐成王，制礼作乐，成就数百年周朝盛世——中国历史上截至今天统治时间最长的王朝；司马迁因李陵之祸，为了传承天命，愿受极刑，成就史家绝唱——《史记》实际上是充满人本情怀的儒家经典作品，至少可以当作儒家历史文学作品来读；韩愈为苍生而获罪，被贬潮州，积极教化，形成潮州文化，韩文公虽然离开人世千年，但是其影响至今依然存在；范仲淹为一介书生，镇守西边，西夏闻之而色变，二十年无战事；王阳明手无缚鸡之力，胸中自有百万兵甲，以不足五万人的杂牌部队，剿灭宁王朱宸濠十数万叛军。儒家不仅愿意担当，也善于担当。

八是儒家主张政事从简。孔子说："道千乘之国，敬事而信，节用而爱人，使民以时。"翻译过来为：治理拥有千辆兵车的国家，认真处理政事且取信于民，勤俭节约且以人为本，差遣百姓而不误农时。儒家认为治国必须做减法，抓关键和重点，有所为有所不为。这是历久弥新的治国理念。一是全心政务，取信于民。政务必须有心，必须用心，必须真心，一心为百姓。关键是建立政府的公信力，政府与人民不能够相互信任，政权就面临着信任危机，政权就不稳定。政府与民众的相互信任，来自人与人的相互信任，这种诚信社会的建立依赖于教育，依赖于修养。二是以人为本，政事从简。现代社会穷奢极欲，铺张浪费，疯狂消费（全球经济发展动力都来自人类的消费），资源日益枯竭，地球不堪重负；长此以往，国将不堪重负，地球将不堪承受；所以，经济增长步入新常态，是一种理性的回归。三是根据节令，安排劳动。社会治理现代化的基本功是有序管理、有序发展。以儒家的政治智慧解决社会治理问题：政府不与民争利，不铺张浪费，不劳民伤财，不穷奢极欲；政府够用就行，民众够用就行。如是，则盲目追求 GDP 的问题可以缓解，生态文明会持续进步，贫富悬殊问题亦可缓解，诸多社会矛盾可以缓解。

九是儒家并非代言人。五四运动以来，比较流行的说法，认为孔子是统治阶级的代言人，顽固维护统治者和既得利益者。认为其证据是孔子说过："唯上知与下愚不移。"很多学者将这句话解读为：统治者与被统治者的地位是不能颠倒的。他们对这句话的理解和翻译都错了，这个证据用错了："唯上知与下愚不移"是教育学结论，先天禀赋很好的人和先天不足的人，二者之间的差距很难缩小。这是真理，先天不足者现代称之为特殊学生，特殊学生当然很难达到正常人的水平，更不要说与先天禀赋很高的人比肩。孔子开平民教育先河，把教育从宫廷转移到民间，其本质就是向既得利益集团发出最强烈的挑战，使平民有获得教育的空间和机会，孔子终其一生的教育实践，就是将"小人"培养成"君子"，将"君子"培养成"士"，将"士"培养成"大夫"，诚如《礼记·大学》中所说："格物、致知、诚意、正心、修身、齐家、治国、平天下。"怎么能说孔子儒学维护既得利益者，为统治阶级说话呢？事实正好相反，孔子儒学是"为己之学"，是天子以至于"庶人"都能用以修身养心的学问，是引导鼓励人民走向优秀、追求卓越的学问。

当然，先秦儒家与现代文明高度契合的思想和主张，远远不止这些！对个人、对家庭、对家族、对社会、对国家、对天下很多的主张都是人类应该珍惜的共同财富。时至今日，仍需要深度发掘。

世界三大哲学体系各有分工：欧洲哲学侧重人与自然的关系，印度哲学侧重人与神的关系，中国儒家哲学侧重人与人的关系。自然人与自然人的关系：忠实与诚信；与血缘长辈、长者的关系：孝顺与尊敬；对于后生、后辈的关系：慈爱与包容；对年幼平辈的关系：关心与帮助；也延伸到人与自然的关系：天人合一、民胞物与……不一而足。儒家哲学的社会基础是农耕文明，聚族而居，充满人本情怀、人道主义和人文精神，在战争中，儒家文明表现出"兴灭国、继绝世"的担当和包容——比如武王灭殷商，却封纣王的两个儿子为王，并且把殷商后裔相对集中在宋国以保存其血脉——这与游牧文明、海洋文明截然不同，游牧文明和海洋文明在族群战争中，往往一方对另一方采取斩尽杀绝的血腥政策。意大利传教士利玛窦来到中国，读到《论语》，惊叹中国人文精神发轫之早、成熟之早，并把《论语》介绍到欧洲，对欧洲哲学家们完成了人本哲学启蒙，从而为欧洲文艺复兴奠定了思想准备。

儒家核心范畴是三个：其一是"仁"。"仁"是内心的修为，是人格的完善，"仁"在《论语》语境中是一个包容性很强的概念，一切关于心性修养的内容，都可以纳入"仁"的范畴；先秦儒家三圣，孔子最强调"仁"。其二是"义"。"义"是社会的责任，历史的责任，族群的责任，当然包括对家庭的责任，对个人的责任。像孟子"平治天下，舍我其谁也"那当然是有着"以天下为己任"的责任和担当。先秦儒家三圣，孟子更重视"义"。其三是"礼"。"礼"是人与人的关系，是秩序、法则、方法、形式。先秦儒家三圣，荀子的思想侧重在"礼"。

先秦儒家思想属于伦理哲学，具有坚实的社会实践基础和厚实的理论基础，是一种独立于当时政治体制的哲学体系、价值体系、思想体系，是儒家思想的源头和正宗，与现代文明高度契合，是中华民族最宝贵的精神矿藏！而儒家思想是中华文明的主动脉！传承和发展其精神是中国人的天赋使命！

参考文献

［1］谭继和，祁和晖. 十三经恒解（笺解本）：卷1：中庸恒解［M］. 成都：巴蜀书社，2016.

［2］朱熹. 四书章句集注［M］. 长沙：岳麓书社，2008.

［3］蒋伯潜. 四书广解［M］. 香港：城邦（香港）出版集团有限公司，2011.

［4］杨晓明. 四书五经·现代版：上卷［M］. 成都：巴蜀书社，1999.

［5］陈生玺. 张居正讲评《论语·大学·中庸》［M］. 上海：上海辞书出版社，2007.

［6］王文锦. 大学中庸译注［M］. 北京：中华书局，2008.

［7］道纪居士. 中庸全编［M］. 北京：海潮出版社，2016.

［8］王京涛. 大学 中庸（中英双语评述本）［M］. 辜鸿铭，译. 北京：中华书局，2017.

［9］爱新觉罗·毓鋆. 毓老师说中庸［M］. 上海：上海三联书店，2015.

［10］贾庆超. 四书精华解读［M］. 济南：齐鲁书社，2009.

［11］南怀瑾. 原本大学微言［M］. 北京：东方出版社，2015.